入眼·入脑·入手·易教·乐学

U0102374

职业教育美容美体专业课程改革新教材

# 美容服务与策划

MEIRONG FUWU YU CEHUA

主　　编 ◎ 陈晓燕

执行主编 ◎ 姜　燕　杨　熙

副 主 编 ◎ 王小江

参　　编 ◎ 杨骏泽　孙　晓

北京师范大学出版集团

BEIJING NORMAL UNIVERSITY PUBLISHING GROUP

北京师范大学出版社

**图书在版编目（CIP）数据**

美容服务与策划 / 姜燕，杨熙 执行主编. —北京：北京
师范大学出版社，2020.9（2023.6重印）
职业教育美容美体专业课程改革新教材 / 陈晓燕主编
ISBN 978-7-303-26287-8

Ⅰ．①美… Ⅱ．①姜… ②杨… Ⅲ．①美容-服务业
-商业经营-职业教育-教材 Ⅳ．①F719.9

中国版本图书馆CIP数据核字（2020）第157399号

教材意见反馈： gaozhifk@bnupg.com 010-58805079
营销中心电话： 010-58802755　58801876

出版发行：北京师范大学出版社 www.bnup.com
　　　　　北京市西城区新街口外大街12-3号
　　　　　邮政编码：100088
印　　刷：天津旭非印刷有限公司
经　　销：全国新华书店
开　　本：787 mm×1092 mm　1/16
印　　张：9.5
字　　数：156千字
版　　次：2020年9月第1版
印　　次：2023年6月第2次印刷
定　　价：32.00元

策划编辑：鲁晓双　　　　　责任编辑：朱前前
美术编辑：焦　丽　　　　　装帧设计：李尘工作室
责任校对：包冀萌　　　　　责任印制：马　洁

# 再版序

　　从2007年起，浙江省对中等职业学校的专业课程进行了改革，通过大量的调查和研究，形成了"公共课程+核心课程+教学项目"的专业课程改革模式。美容美体专业作为全省十四个率先完成《教学指导方案》和《课程标准》研发的专业之一，先后于2013年、2016年由北京师范大学出版社出版了由许先本、沈佳乐担任丛书主编的《走进美容》《面部护理（上、下）》《化妆造型（上、下）》《美容服务与策划》六本核心课程教材。该系列教材在全省开设美容美发与形象设计专业的中职学校推广使用，因其打破了原有的学科化课程体系，在充分考虑中职生特点的基础上设计了适宜的"教学项目"，强调"做中学"和"理实一体"，故受到了师生的一致好评，在同类专业教材中脱颖而出。

　　教材出版发行后，相关配套资源开发工作也顺利进行。经过一线专业教师的协同努力，各本教材中所有项目各项工作任务的教学设计、配套PPT，以及关键核心技术点的微课均已开发完成，并形成了较为齐备的网络教学资源。全国、全省范围内围绕教材开展了多次教育教学研讨活动，使编写者在实践中对教材研发、修订有了新的认识与理解。

为应对我国现阶段社会主要矛盾的变化，实现职业教育"立德树人"总目标，提升中职学生专业核心素养，培养复合型技术技能型人才，编写者对教材进行了再版修订。在原有六本教材的基础上，依据最新标准，更新了教材名称、图片、案例、微课等内容，新版教材名称依次为《美容基础》《护肤技术（上）》《护肤技术（下）》《化妆基础》《化妆造型设计》《美容服务与策划》。本次修订主要呈现如下特色：

第一，将学生职业道德养成与专业技能训练紧密结合，通过重新编排、组织的项目教学内容和工作任务较好地落实了核心素养中"品德优良、人文扎实、技能精湛、身心健康"等内容在专业教材中落地的问题。

第二，在充分吸收国内外行业企业发展最新成果的基础上，借鉴世界技能大赛美容项目各模块评分要求，针对中职生学情调整了部分教学内容与评价要求，进一步体现了专业教学与行业需求接轨的与时俱进。

第三，体现"泛在学习"理念，借助现代教学技术手段，依托一流专业师资，构建了体系健全、内容翔实、教学两便、动态更新的数字资源库，帮助教师和学生打造虚拟线上学习空间。

再版修订之后的教材内容更加满足企业当下需求并具有一定的前瞻性，编排版式更加符合中职生及相关人士的阅读习惯，装帧设计更具专业特色、体现时尚元素。相信大家在使用过程中一定会有良好的教学体验，为学生专业成长助力！

是为序。

陈晓燕

2020年6月

# 序

在一个较长的时期，职业教育作为"类"的本质与特点似乎并没有受到应有的并且是足够的重视，人们总是基于普通教育的思维视角来理解职业教育，总是将基础教育的做法简单地类推到职业教育，这便是所谓的中职教育"普高化"倾向。

事实上，中等职业教育具有自身的特点，正是这些特点必然地使得中等职业教育具有自身内在的教育规律，无论是教育内容还是教育形式，无论是教育方法还是评价体系，概莫能外。

我以为，从生源特点来看，中职学生普遍存在着知识基础较差，专业意识虚无，自尊有余而自信不足；从学习特点来看，中职学生普遍存在着学习动力不强，厌学心态明显，擅长动手操作；从教育特点来看，中职学校普遍以就业为导向，强调校企合作，理实一体。基于这样一些基本的认识，从2007年开始，浙江省对中等职业学校的专业课程进行改革，通过大量的调查和研究，形成了"公共课程+核心课程+教学项目"的专业课程改革模式，迄今为止已启动了七个批次共计42个专业的课程改革项目，完成了数控、汽车维修等14个专业的《教学指导方案》和《课程标准》的研发，出版了

全新的教材。美容美体专业是我省确定的专业课程改革项目之一，呈现在大家面前的这套教材是这项改革的成果。

浙江省的本轮专业课程改革，意在打破原有的学科化专业课程体系，根据中职学生的特点，在教材中设计了大量的"教学项目"，强调动手，强调"做中学"，强调"理实一体"。这次出版的美容美体专业课程的新教材，较好地体现了浙江省专业课程改革的基本思路与要求，相信对该专业教学质量的提升和教学方法的改变会有明显的促进作用，相信会受到美容美体专业广大师生的欢迎。

我们同时也期待着使用该教材的老师和同学们能在共享课程改革成果的同时，也能对这套教材提出宝贵的批评意见和改革建议。

是为序。

**方展画**

2013年7月

# 内容简介

　　本书为中等职业教育美容美体艺术专业课程配套教材，本书编写突出以职业需求为依据、以能力培养为本位、以任务驱动为导向的理念，致力于满足学生职业生涯发展的需要。项目选择根据前台接待员工作的服务流程，通过各项目的情境学习，让同学们掌握工作准备、预约服务、咨询推介、结账送客、客情维护五个方面的服务能力，培养学生的服务意识和服务沟通、协调的能力。

　　本书根据行业对学生能力发展的要求，围绕学生对服务岗位的理解，重点强调服务意识的培养和服务流程中中职专业学生应具备的基本服务技能。

# 前 言

　　党的二十大报告从"实施科教兴国战略，强化现代化建设人才支撑"的高度，对"办好人民满意的教育"作出专门部署，凸显了教育的基础性、先导性、全局性地位，彰显了以人民为中心发展教育的价值追求，为推动教育改革发展指明了方向。《职业教育法》的修订颁布，明确了职业教育是与普通教育具有同等重要地位的教育类型。新时代要进一步加强党对职业教育的领导，坚持"立德树人"总目标，贯彻落实《关于推动现代职业教育高质量发展的意见》，持续推进"教师、教材、教法"改革，努力提升学生职业核心素养。

　　中等职业教育美容美体艺术专业的设立与发展，极大顺应了人民生活水平日益提高、向往美好生活的现实需求。经过十多年发展，目前全国各省份，特别是沿海经济发达地区开设该专业的学校如雨后春笋般涌现，专业人才培养的数量不断增加，质量迅速提升。但由于缺少整体规划与布局，该专业自主性发展特征明显。鉴于各地区办学水平不尽相同，师资力量差距明显，对教学标准理解不到位、认识不统一，严重影响了专业进一步良性向好发展，一线

专业教师对优质教材的需求亟待满足。

本套美容美体艺术专业教材是在严格遵循国家专业教学标准并充分考虑专业发展、学生学情的基础上,紧密依靠行业协会、行业龙头企业技术骨干力量,由长期在美容美体艺术专业教学一线的老师精心编写而成。整套教材以各门核心课程中提炼出来的"关键技能"培养为目标,深切关注学生"核心素养"的培育,通过"项目教学+任务驱动"呈现,并贯彻多元评价理念,确保教材的实用性与前瞻性。该系列教材图文并茂、可读性强;书中工作任务单以活页形式呈现,取用方便。该套教材重在技能落实,巧在理论解析,妙在各界咸宜。其最初版本曾作为浙江省中职美容美体专业课改教材在全省推广使用,师生普遍反映较好。

本书主要以岗位能力要求为标准,以工作项目及具体的任务贯穿知识体系,依照美容服务流程对专业核心技能进行串联,注重对学生服务流程和服务能力的培养,突出"理实一体"教学和案例的特点。

全书共分五个项目十六个任务。在每一个项目中都设计了情境导入、任务实施、知识延伸、任务拓展、任务评价与思考、项目总结环节,形式新颖、内容丰富。本书既可供中等职业学校美容美体艺术及相关专业的学生使用,又可作为美容师岗位培训的参考书,建议教学学时为108学时,具体学时分配如下表(供参考)。

| | 项目 | 课程内容 | 建议学时 |
|---|---|---|---|
| 《美容服务与策划》 | 一 | 工作准备 | 16 |
| | 二 | 预约服务 | 36 |
| | 三 | 咨询推介 | 36 |
| | 四 | 结账送客 | 10 |
| | 五 | 客情维护 | 10 |

本书由陈晓燕主编,姜燕、杨熙任执行主编,王小江任副主编,邀请了杭州苑苑美容美发有限公司美容总监杨骏泽、杭州妍工房美容有限公司董事长孙晓共同参与编写、陈恩乐及企业方周欢、岳欢担任插图模特。在编写过程中得到了杭州市拱墅区职

业高级中学数字影像组学生摄影团队的帮助，以及中国美容大师罗红英女士的支持，在此一并表示感谢！

在教材编写中，参考和应用了一些专业人士的相关资料，转载了有关图片，在此对他们表示衷心的感谢。我们在书中尽力注明资料来源，如有遗漏之处，敬请读者谅解指正。由于编者水平有限，书中难免有不足之处，敬请读者提出宝贵的意见与建议，以求不断改进，使其日臻完善。

# 目　录

# 项目一

# 工作准备

情境
导入

Lily现在来到前台实习。前台领班小苏带领Lily熟悉工作。领班首先带她参观了前台的工作区域，她看到了干净整洁的前台和仪表清爽、举止大方的前台接待员。为了保证美容院的服务质量，提高工作效率，领班小苏要求Lily在今后的实习工作中深入了解和学习各项准备工作的操作要求。让我们与Lily一道跟随小苏学习吧……

我们的目标是
让我们的学生学会

· 环境的准备
· 自我的修饰
· 物品的准备

任务实施中

# 任务一　环境准备

 案例导入

　　今天是美容院三周年店庆的日子，也是Lily第一天独自上岗的日子。Lily看了领班小苏交给自己的工作手册，翻到了环境准备这一页：为了确保有一个温馨舒适的营业环境，前台接待员务必认真、仔细地配合美容院做好这方面的准备工作。Lily边默念边来到了前台……

　　仔细阅读美容院的每一项规章制度是Lily作为前台接待实习生首先应具有的学习态度，通过阅读、思考，进而提出问题，才能真正领会环境准备的重要性。

　　环境准备根据区域分为外环境准备和内环境准备两方面，根据由外到内的区域顺序，前台接待员对这两块环境进行准备。

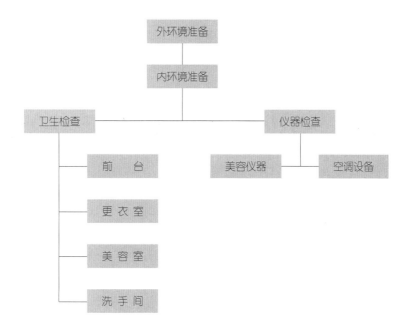

图1-1-1

准备内容　图1-1-1 外环境准备

具体说明　店铺室外地面无杂物、积水，无明显污渍；

　　　　　玻璃门窗无污渍、划痕、水渍；

　　　　　灯箱内无蚊虫，灯盖明亮清洁。

准备内容　内环境准备

具体说明　前台接待人员必须保持店铺内的卫生整洁，配合保洁人员保持店内卫生，维护店内设备。

图1-1-2

准备内容　图1-1-2 前台检查

具体说明　不得在前台放置与工作无关的物品；

　　　　　顾客资料摆放正确，交接班手册及相关表格齐全；

　　　　　收银设备正常；

　　　　　寄存处顾客遗留物品登记。

图1-1-3

准备内容　图1-1-3 更衣室检查

具体说明　更衣室衣柜的柜顶、
　　　　　柜身无灰尘；

　　　　　如拾到顾客物品及时
　　　　　登记。

图1-1-4

准备内容　图1-1-4 美容室检查

具体说明　美容床摆放整齐，床罩毛巾铺置干净；

　　　　　推车、座椅与美容床数量一致；

　　　　　美容室地面干净，无灰尘垃圾。

图1-1-5

● **准备内容** 图1-1-5 洗手间检查

● **具体说明** 所有清洁程序必须自上而下进行；

放水并加入一定量的清洁剂，放置足量空气清新剂；

检查镜面、洗手盆、化妆台，确保无污渍、皂垢、水斑。

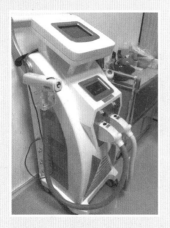

图1-1-6

● **准备内容** 图1-1-6 美容仪器设备检查

● **具体说明** 检查电源开关、接线板连接状况，确保仪器本身无积尘；
检查仪器是否正常。

图1-1-7

● **准备内容** 图1-1-7 空调设备检查

● **具体说明** 检查电源开关、接线板连接状况，确保设备出风口的出风正常。

### 相关链接

#### （一）某美容院环境卫生管理制度

为确保员工与顾客的身体健康，提高工作质量和服务质量，使卫生管理制度化，特制定本制度，主要有以下七条。

1. 卫生管理工作统一由行政部门负责。

2. 店铺外要保持清洁，各种车辆按规定地点停放整齐。

3. 保持店内前台、走廊、美容室、厕所的清洁，做到光亮、无异味。

4. 垃圾分类后倒入指定地点，不得倒在垃圾桶外。

5. 爱护和正确使用厕所设备。严禁将残茶、杂物倒入洗手池。

6. 各个工作间做到日扫日清，定期大扫除。

7. 店长每月组织卫生大检查，此外，重大节日及活动前也要进行检查，并对卫生工作做出讲评。

#### （二）一份店铺消防安全责任书

为全面落实消防安全管理责任，坚决杜绝各种火灾事故的发生，确保我市金色旺角小区商铺经营商户的生命和财产安全，根据《中华人民共和国消防法》，按照"预防为主，消防结合"的方针和"谁经营，谁负责"的原则，特签订本责任书。

一、责任目标

1. 各商铺消防组织制度健全，目标明确，责任到人。

2. 各经营商户必须配备齐全消防设备，消防设备须有明显标识，灭火器完好率必须达到100%，且放置在明显位置。

3. 各经营商户必须学习掌握消防安全知识，达到100%的普及培训率。

4. 必须严格按照相关部门及德宏邦实物业管理有限公司关于火灾隐患检查要求整改，且整改必须是无条件的，达到100%的完成率。

5. 相互配合，确保不发生各类火灾事故。

二、保证措施

1. 经营商户必须严格服从德宏邦实物业管理有限公司关于消防工作的组织领导，确保消防安全设施的完好和制度的落实。经营商户须对员工进行消防知识培训，使员工不断增强消防安全意识，提高员工对初发火灾的自扑自救能力。

2. 经营商户必须按照德宏邦实物业管理有限公司的消防安全管理制度严格执行，不许占用公共走廊，不许挪动消防设施，严禁室内烟火。

3. 经营商户所经营的商品必须符合消防安全，商铺内严禁存放燃气、汽油、酒精、雷管、炸药等易爆危险品。

4. 经营商户要严格遵守消防制度，做好消防隐患记录，严禁私拉乱用电，严禁用电炉取暖、做饭等。

5. 经营商户要做到人走断电，人走关灯，特别是对热水器、电脑等设备更要做到人走断电，严防电器设备老化引发火灾。

6. 不得改变商铺的原配消防设备，经营商户新增的消防设备须与原配消防设备相匹配，不能影响原配消防设备的功能及使用。

三、责任

凡是违反责任书规定，工作失职、防范不利造成火灾事故的，均由责任方负责，造成重大事故的依法追究责任。

四、本责任书一式两份，甲乙双方各持一份，本责任书双方签字盖章之日起执行，负责人如有变动，继任者继续履行责任。

管理公司：德宏邦实物业管理有限公司　消防安全责任人（商户）签名：

管理代表：　　　　　　　　　　　身份证号码：

联系电话：　　　　　　　　　　　房屋单元号：

　　　　　　　　　　　　　　　　联系电话：

　　　　　　年　　月　　日　　　　　　年　　月　　日

 任务拓展

### 一、Lily的新困惑

Lily在前台实习后，觉得如此安排准备工作很合理。现在她想把"环境准备"的理念应用到家庭或教室布置中。如何进行居家或教室环境准备呢？请你帮助Lily试着做一个计划表。

### 二、活动体验

以小组的形式，进行环境准备任务的实践，并组织小组评比活动，可参考填写下表。

班级：　　　　　　姓名：　　　　　　日期：

操作准备：

操作要求：

操作步骤：

操作评价：
自我评分（　　）　　　小组评分（　　）　　　教师评分（　　）

展示推荐：
是否自我推荐（　　）　　　是否小组推荐（　　）

我的收获和不足：

任务二　自我修饰

 案例导入

　　在美容院实习已经一周了，Lily每次看到仪表整洁、举止大方的正式员工站在前台，眼神里满是羡慕。领班小苏告诉她，自我修饰不仅要修饰外表，而且要充实自己的内心。Lily怎么做才能和她们一样呢？

　　前台接待人员的形象直接代表着美容院的形象。Lily羡慕的眼神告诉我们，她渴望成为一名优秀的前台接待员。干净得体的仪容不仅是个人审美的需要，而且是赢得顾客好感、保持店铺良好形象的需要。美好的形象是成功的第一步，如何做到内外兼修，是对前台接待员的考验。

## 一、仪容修饰的准备流程

图1-2-1

**服务流程**　图1-2-1 梳理头发

**服务说明**　长发扎成马尾或简约发髻，可适当搭配深色发饰；

短发梳理整齐，刘海不可遮住眼睛。

图1-2-2

● **服务流程**　图1-2-2 化妆

● **服务说明**　检查面部是否已清洁到位，
眼内无分泌物，鼻毛不外
露；

化妆时使用的化妆品无特
殊气味，完成妆面后注意
及时补妆。

图1-2-3

● **服务流程**　图1-2-3 手部清洁

● **服务说明**　指甲应干净清洁，指甲长度
不超出指端，形状圆润；

保持指甲的自然色，可以
涂透明、粉色、肉色的指
甲油；

不佩戴夸张的戒指、手链
等饰品。

图1-2-4

● **服务流程**　图1-2-4 整理服装

● **服务说明**　整理头发，更换工装；

穿着工作鞋，佩戴领结或
领带，穿着外套；

对照镜子，佩戴胸卡，整
理衣角裤脚。

● **服务流程**  图1-2-5 调整表情

● **服务说明**  深呼吸，放松面部肌肉，使嘴角微微上翘，保持嘴唇弧度；

对照镜子，练习微笑，调整表情。

图1-2-5

## 二、仪容修饰的原则

★适体性原则：要求仪表修饰与个体自身的性别、年龄、容貌、肤色、身材、体形、个性、气质及职业身份等相适宜、相协调。

★时间（time）、地点（place）、场合（occasion）原则：简称TPO原则，即要求仪表修饰因时间、地点、场合的变化而相应变化，使仪表与时间、环境氛围、特定场合相协调。

★整体性原则：要求仪表修饰先着眼于人的整体，再考虑各个局部的修饰，促成修饰与人自身的诸多因素之间协调一致，使之浑然一体，营造出整体风采。

小提示

为了不影响服务工作的正常进行，服务人员不但要遵守本单位规定的作息时间，每天按时上班，而且通常应当提前到岗，以便做好正式上班的准备工作。

需要进行交接班、换装梳洗，或者当进行其他准备工作时，服务人员更应提前一段时间到达所在的单位。不允许服务人员无故旷工、迟到，即便准点到岗，将上述必要的岗前准备工作转移到上班以后进行，一般也是不允许的。

## 员工服装仪容检查

| | | |
|---|---|---|
| 1. 头发弄脏了吗? | ○是 | ○否 |
| 2. 头发梳理整齐了吗? | ○是 | ○否 |
| 3. 妆是否化得太浓? | ○是 | ○否 |
| 4. 化妆品颜色是否怪异? | ○是 | ○否 |
| 5. 妆脱落了吗? | ○是 | ○否 |
| 6. 牙齿刷干净了吗? | ○是 | ○否 |
| 7. 牙齿是否沾到口红? | ○是 | ○否 |
| 8. 是否有口臭? | ○是 | ○否 |
| 9. 制服是否干净? | ○是 | ○否 |
| 10. 内衣尺寸、颜色是否适宜? 是否干净? | ○是 | ○否 |
| 11. 头、手、足都洗干净了吗? | ○是 | ○否 |
| 12. 指甲油的颜色是否太浓? | ○是 | ○否 |
| 13. 丝袜是否洁净? | ○是 | ○否 |
| 14. 鞋子是否洁净? | ○是 | ○否 |
| 15. 是否佩戴了多余的饰物? | ○是 | ○否 |
| 16. 领口、袖口是否脏污? | ○是 | ○否 |
| 17. 服装是否过于花哨? | ○是 | ○否 |
| 18. 肩上是否有落发与头屑? | ○是 | ○否 |
| 19. 香水味道是否太浓? | ○是 | ○否 |

## 相关链接

### 职业形象塑造参考标准

（一）女士发型（图1-2-6，图1-2-7，图1-2-8）

发长：前不遮眉，侧不盖耳，后不触领，短发不过肩，盘发不杂乱。

发型：无一丝乱发，头饰与发色相近。

发色：黑色，有光泽。

忌讳：发型怪异，染彩发，有异味，有头皮屑。

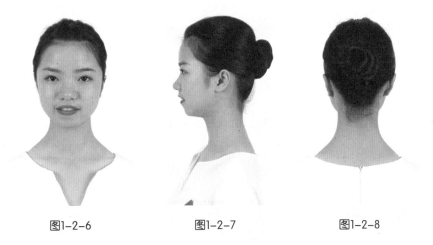

图1-2-6        图1-2-7        图1-2-8

（二）职业妆要呈现什么

在客户看来，随和、专业、舒服、值得信赖……

在同事看来，精神、踏实、能干、大气、顺眼……

在自己看来，自信满满、舒服、舒适……

## 任务拓展

### 一、Lily的新困惑

Lily发现有些"老资历"的前台接待趁店长不在时就会化一些特别入时的彩妆，佩戴时髦饰品。"每天穿呆板的工作服，每个人都一样，还有什么个性可言。"她们告诉Lily这些饰品只要不被店长看见就没关系。Lily有点纳闷，她很想问一问别人，但又怕得罪人。现在请你帮Lily出个主意。

我的观点：＿＿＿＿＿＿＿＿＿＿＿＿＿＿＿＿＿＿＿＿＿＿＿＿

_____

_____

_____

_____

他人的观点：_____

_____

_____

_____

## 二、自我活动体验

全班以小组形式进行自我修饰任务的实践，并组织小组评比活动。

班级：　　　　　　姓名：　　　　　　日期：

| 操作准备： |
| --- |
| 操作要求： |

操作步骤：

操作评价：

自我评分（　　　） 　　　小组评分（　　　） 　　　教师评分（　　　）

展示推荐：

是否自我推荐（　　　） 　　　是否小组推荐（　　　）

续表

我的收获和不足：

# 任务三　物品准备

 案例导入

　　每到双休日，美容院就会变得格外忙碌，从早上九点开店到晚上九点关店，老顾客续卡，新顾客咨询，小苏和Lily几乎没有空闲时间。Lily很佩服小苏，虽然忙碌，但她总能有条不紊地进行前台的每一项工作，收银、签单、发放宣传资料、接受预约等。

　　其实，Lily只要做好相应的物品准备，同样也可以应对自如。物品准备与美容院形象关系密切，整洁齐全的物品摆放不仅便于前台接待员的工作，而且能给顾客带来良好的气氛，还能提升美容院的档次。物品准备是优秀前台接待员必须做的一项工作任务。

图1-3-1

● **服务流程**　图1-3-1 清洁台面

● **服务说明**　前台接待员在进行物品准备前，应对自己即将使用的台面进行清理。要求：整齐、干净，使用方便。

● **服务流程** 图1-3-2 检查电脑及收银设备

● **服务说明** 开启电脑，确保常用软件使用正常。

　　　　　　开启收银设备，检查POS机终端连接，
　　　　　　清点零钱。

图1-3-2

● **服务流程** 图1-3-3 检查工作交接

● **服务说明** 查看交接记录本是否有
　　　　　　留言，按照留言进行交
　　　　　　接，填写交接记录本。

图1-3-3

● **服务流程** 图1-3-4 检查辅助工具

● **服务说明** 上岗前应将辅助工具备齐。

图1-3-4

● **服务流程** 图1-3-5 计价工具

● **服务说明** 校验检查电子计算器、笔、
　　　　　　发票本、复写纸。

图1-3-5

● **服务流程** 图1-3-6 宣传用具

● **服务说明** 与美容院或美容产品相关的广
　　　　　　告、说明、介绍、图片等。

● **小 提 示** 活动期间需要备足宣传资料。

图1-3-6

## 相关链接

### （一）工作交接

有不少服务工作需要进行交接班。不少服务单位或部门还会定期召开班前会，统一安排布置工作。在进行交接工作布置时，服务人员需要专心致志，一丝不苟。

可归纳为"一准""二明""三清"。

"一准"：要求服务人员准时交接班。

"二明"：要求服务人员做到岗前明确，责任明确。

"三清"：要求服务人员在进行工作交接时，务必做到钱款清楚、货品清楚、任务清楚。

### （二）前台接待员交接班表

| 日　期 | | 姓　名 | | 班　次 | |
|---|---|---|---|---|---|
| 工作事项： | | | | | |
| 交接内容： | | | | | |
| 备注： | | | | | |
| 交接人 | | 接班人 | | 钥匙交接 | |

 **任务拓展**

## 一、Lily的新困惑

经过四周的跟班实习。Lily的进步得到了领班的认可。从今天开始，Lily可以独立上岗了。一早，Lily查看了前台功能区域的物品，发现收银台内的零钱已由一位老员工完成了。Lily有点纳闷，难道领班对自己不信任？你认为呢？

我的观点：＿＿＿＿＿＿＿＿＿＿＿＿＿＿＿＿＿＿＿＿＿

＿＿＿＿＿＿＿＿＿＿＿＿＿＿＿＿＿＿＿＿＿＿＿＿＿＿

＿＿＿＿＿＿＿＿＿＿＿＿＿＿＿＿＿＿＿＿＿＿＿＿＿＿

＿＿＿＿＿＿＿＿＿＿＿＿＿＿＿＿＿＿＿＿＿＿＿＿＿＿

＿＿＿＿＿＿＿＿＿＿＿＿＿＿＿＿＿＿＿＿＿＿＿＿＿＿

他人的观点：＿＿＿＿＿＿＿＿＿＿＿＿＿＿＿＿＿＿＿＿

＿＿＿＿＿＿＿＿＿＿＿＿＿＿＿＿＿＿＿＿＿＿＿＿＿＿

＿＿＿＿＿＿＿＿＿＿＿＿＿＿＿＿＿＿＿＿＿＿＿＿＿＿

＿＿＿＿＿＿＿＿＿＿＿＿＿＿＿＿＿＿＿＿＿＿＿＿＿＿

＿＿＿＿＿＿＿＿＿＿＿＿＿＿＿＿＿＿＿＿＿＿＿＿＿＿

＿＿＿＿＿＿＿＿＿＿＿＿＿＿＿＿＿＿＿＿＿＿＿＿＿＿

## 二、自我活动体验

全班以小组形式，自主选择角色扮演，进行物品准备现场操练，并组织小组进行评比活动。

班级：　　　　　　姓名：　　　　　日期：

| |
|---|
| 操作准备： |
| 操作要求： |
| 操作步骤： |
| 操作评价：<br>自我评分（　　）　　　小组评分（　　）　　　教师评分（　　） |
| 展示推荐：<br>是否自我推荐（　　）　　　是否小组推荐（　　） |

续表

我的收获和不足：

 项目总结

"不打无准备之仗。"良好的服务前期工作是奠定好服务的基础，同时，得体的职业形象塑造让您的形象会"说话"，培养新员工的职业工作习惯是培养可持续发展的重要一环，让我们在服务前期用好习惯打开优质服务开端。

# 项目二

# 预约服务

情境
导入

Lily是中职美容美体专业的高三学生，经过高一、高二学校专业技能理论和实操的系统学习后，又到相关企业进行为期一年的顶岗实习。实习了一段时间后，她发现在工作过程中规范的服务流程可以帮助自己快速记住工作步骤，能够有效地理解服务意识在工作中的重要性；她还发现美容院除了美容师的专业技能要过硬以外，前台这个工作岗位也很重要，它是美容院的第一道窗口。Lily认真听领班小苏讲解前台服务的第一个工作——预约服务，让我们跟随Lily和小苏一起学习吧！

我们的目标是
让我们的学生学会

- 线下预约
- 线上预约
- 预约更改
- 预约调配

任务实施中

# 任务一　线下预约

　　随着信息化社会的发展，美容的预约方式也跟随时代在变化。但是不管怎么变，传统的实体门店预约方式还是很多老顾客的选择。美容院实体门店预约根据服务对象分为两类：新顾客预约、老顾客预约。

## 案例导入

　　Lily第一天上班，她早早地来到前台，开始了前台接待员一天的工作。Lily看到一位身材臃肿的女士站在店门口久久地看着宣传广告，最后推门进店。小苏引领Lily一起接待了这位新顾客，并成功地完成了预约工作。让我们跟随Lily的门店预约工作的服务流程一起来看看吧……

　　作为一名实习生，Lily有良好的观察能力，这使得她能够在短时间内了解顾客的需求，加上规范的服务流程，使得顾客很快对其产生信任感，从而有效地提高了顾客门店预约的成功率。

## 一、新顾客的线下预约

**新顾客的线下预约**

● **服务流程**　图2-1-1欢迎礼、图2-1-2 问候礼

● **服务说明**　1. 看到顾客推门，马上起立，行鞠躬礼；

2. 三米距离，小跑开门，欢迎礼。

图2-1-1

● **小　提　示**　根据美容院的不同情况选择1或2的欢迎方式。

图2-1-2

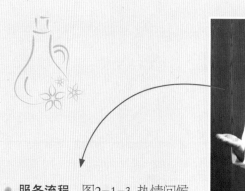

图2-1-3

● **服务流程**　图2-1-3 热情问候

● **服务说明**　面带微笑，保持目光接触。

　　　　　　　欢迎词："欢迎光临××美容会所。"

　　　　　　　询问需求：

　　　　　　　比如："请问，有什么可以帮您的吗？"

● **小 提 示**　面部微笑始终贯穿服务的整个流程。

图2-1-4

● **服务流程**　图2-1-4 引导入座

● **服务说明**　面带微笑；

　　　　　　　指引礼；

　　　　　　　搬开凳子，引导顾客入座。

　　　　　　　比如："请问怎么称呼您？"

　　　　　　　"×女士，请问有什么可以为您服务的？"

● **小 提 示**　1. 引导时，要不时注意顾客是否跟过来；

　　　　　　　2. 当拍座椅面时，不得用毛巾扫或拍；

　　　　　　　3. 前台接待员也可以边引导边询问。

图2-1-5

- **服务流程**　图2-1-5 奉茶

- **服务说明**　倒茶：茶水六七成满。当为顾客斟茶时，应注意茶杯的水量。

　　端茶：1. 端茶时使用托盘，避免茶水溢出；

　　2. 端茶时注意握杯的位置。双手轻握杯子中下部位，千万不要接触到杯子的上边缘。

　　奉茶：从右侧奉上，面带微笑，轻声告诉顾客："这是您的茶，请慢用！"

图2-1-6

图2-1-7

- **服务流程**　图2-1-6、图2-1-7 问题诊断

- **服务说明**　面诊；

　　前台接待员联系美容顾问一起会诊，判断问题类型；

　　触摸；

　　借助美容美体测试仪器。

　　比如：脂肪测量仪测量脂肪的分布情况和密度。

- **小 提 示**　问题诊断一般由美容院前台接待员和美容顾问（调理师）一起配合完成。

图2-1-8

- 服务流程　图2-1-8 发出项目预约的请求

- 服务说明　抓住时机，提出请求。

- 举　　例　可以询问："×女士（先生），
需要我为您预约体验一下吗？"

图2-1-9

- 服务流程　图2-1-9 填写顾客情况调查表

- 服务说明　面带微笑；

　　　　　　双手平握住资料的两角；

　　　　　　资料的正面对着顾客；

　　　　　　填写顾客资料。

图2-1-10

- 服务流程　图2-1-10 核对安排预约

- 服务说明　再次确认顾客信息和预约时
间、项目及特殊要求；

　　　　　　核对美容师、美容房排班表。

- 小 提 示　前台接待员需要熟知每一位美
容师的工作情况和已被预约的
时间，避免由于重复预约带来
不必要的麻烦。

图2-1-11

● **服务流程**　图2-1-11 完成预约

● **服务说明**　向顾客致谢："期待您的再次光临";
送客。

● **小 提 示**　前台接待员须在顾客约定的护理时间前一天,以电话或短信的方式提醒顾客预约时间。

 如果某女士看了半天的宣传广告,最终没有走进美容院,你若是Lily会怎么办?

**相关链接**

服务礼仪操

### (一)前台接待的岗位重要吗?

门店预约可以说是美容院积极拓客和留住老顾客的一项很重要的工作任务。前台接待员通过语言、行为向顾客呈现美容院的服务理念、服务细节及服务项目。因此,前台接待员的自身素质及职业道德水平直接影响服务的态度和质量。

前台接待员岗位职责的规范内容,主要有以下四个方面。

(1)爱岗敬业,树立"顾客至上"的服务意识。美容院是人们生活水平提高到一定程度的体现,而美容业的从业人员是帮助人们塑造美、发现美的直接服务者,要克服服务业低人一等的想法,对自身的岗位要热爱不小瞧。在工作时思想集中、举止优雅、仪表端庄,不会客长谈、不聊天、不擅离职守,遵守美容院的规章制度。树立"顾客至上"的服务意识,以顾客为核心开展工作,以满足顾客需求为标准。

(2)平等待客,一视同仁。前台接待员不能以貌取人,不能根据顾客的消费差异区别对待。

(3)对顾客做到有礼有节。接待顾客时要讲究语言艺术,规范使用普通话,语言做到准确、亲切、精练、通俗易懂、富有礼节。忌用粗话、脏话、江湖话及不文明的话语。避免冷嘲热讽、挖苦或出口伤人及用轻浮、怪异、冷淡的表现和不文明的手势对待顾客。

（4）培养终身学习意识，不断提高专业技术水平。

根据岗位的需求，前台接待员还应具备一定的修养和审美能力。

（1）自我形象定位的审美能力。前台接待员是美容院的第一道窗口，也是和顾客建立良好印象的关键岗位，她的形象是个人和企业形象的综合体现。

（2）敏锐的观察和发现美的能力。前台接待员首先是个发现美的能手，她不仅对美容院的各种项目要了解，而且要有敏锐的观察力，善于发现顾客身上的亮点，帮助顾客树立自信心。

（3）得体的语言和传递美的能力。前台接待员不仅是良好的形象代表，而且是美的引导者。美不光指美丽的外表，更应有内在的美，具有良好素养的前台接待员能通过亲切的语言拉近顾客和美容院的距离。

## （二）美容院的基本服务项目

基础护理类：（1）简单补水护理（一般是只清洁、补水、上面膜，没有按摩，有的会美其名曰"水疗"）；（2）常规面部护理（清洁、去角质、蒸脸、面部按摩、敷面膜，有的会赠送头部按摩、肩颈按摩或背部按摩等）；（3）眼部护理；（4）颈部护理。

疗效性护理类：（1）祛斑疗程；（2）去痘疗程；（3）美白嫩肤疗程；（4）敏感修复疗程；（5）除皱抗衰疗程。

修饰美容类：（1）脱毛；（2）美甲；（3）植假睫毛；（4）烫眼睫毛；（5）修眉；（6）文、绣眉；（7）洗眉；（8）穿耳洞；（9）化妆（生活妆、晚宴妆、新娘妆、舞台妆等）。

美体类：（1）手部护理；（2）减肥；（3）健胸；（4）卵巢保养；（5）肾部保养；（6）脊柱保养；（7）肺部保养；（8）精油开背；（9）全身淋巴排毒；（10）刮痧（有面部刮痧、眼部刮痧、身体刮痧，都可以作为一个单独的项目）；（11）拔罐、滑罐。

仪器类：（1）蒸太空舱；（2）光波浴房；（3）远红外线灯等。

特殊护理类有：（1）精油护理（香薰）；（2）淋巴排毒；（3）耳烛。

### （三）服务流程中涉及的礼仪

礼仪，包含"礼"和"仪"两个方面。什么是"礼"呢，这个字又代表什么意思呢？首先，"礼"是一种道德规范：尊重。孔子曰："礼者。敬人也。"在人际交往中，既要尊重别人，又要尊重自己。你只是口头说说尊重没有用，因为别人无法知道你心里所想。这就需要一种表达形式，让别人正确理解你心中理解服务的礼。"仪"，就是恰到好处地向别人表达尊重的具体形式。下面我们梳理一些行为礼仪和常用的服务礼仪。

| 行为礼仪 | |
| --- | --- |
| 类别 | 具体内容 |
| 站姿 | 总体要求：挺拔。<br>动作要领：<br>女士标准站姿：两眼正视，双肩平齐，两臂舒展自然下垂，双脚并拢，双腿绷直，膝盖夹紧、并拢；双脚脚尖自然展开60度，下颌微收，立腰夹臀，双手四指并拢，虎口相嵌，自然垂放于小腹；挺胸收腹，表情放松，面带微笑。<br>男士标准站姿：双脚分开，稍微比肩窄，两臂放松自然垂下，五指并拢。<br>动作要求平和自然。 |
| 坐姿 | 总体要求：上身保持挺直。<br>动作要领：<br>女士标准坐姿：两眼平视，背挺直，两腿并拢，两脚同时向左或向右摆放，双手叠放，置于两腿之间，面带微笑。<br>入座：从椅子左侧入座，入座要轻而稳，一般坐在椅子的前三分之二的位置；穿裙子时，入座前抚裙下坐，双手虎口相嵌自然叠放于双腿之上。<br>男士标准坐姿：从椅子左侧入座，入座要轻而稳，一般坐在椅子的前三分之二的位置；双脚分开与肩同宽，双手叠放在双腿的膝盖上。<br>根据腿部摆放的位置分为前交叉、后交叉、斜摆式、前后式等。 |

续表

| | |
|---|---|
| 走姿 | 行走中的站姿。<br><br>女士标准站姿：头部端正，目光平视前方，以胯为轴，自然走动，上身保持平直，两臂在身体两侧自然摆动，脚尖朝前。<br><br>男士标准站姿：目视前方，步伐稳健，脚尖朝前。<br><br>禁忌：上身左右晃动，扬下巴。 |
| 微笑礼 | 传递非语言的表达。<br><br>动作要领：面部祥和，嘴角微微上扬，露出上齿的六/八颗牙，注意保持牙齿的干净。<br><br>根据唇的弧度分为一度微笑、二度微笑和三度微笑。 |
| 鞠躬礼 | 源自古代祭天仪式，后世演变成日常礼节，表示对他人敬重的一种郑重礼节。<br><br>动作要领：面对客户，保持标准站姿，并拢双脚，以臀部为轴心，上身挺直的向前倾斜，视线随鞠躬自然下垂，动作不宜过快，倾斜角度不同，代表的意思也不同。<br><br>根据上身的倾斜弧度分为：<br><br>15°：您好；<br><br>30°：谢谢；<br><br>45°：对不起。 |
| 眼神礼 | 交往中最传神的非语言信号。<br><br>动作要领：<br><br>眼神整体要求：不卑不亢，视线平视，保持良好的精神状态。<br><br>位置：眼、鼻、口，额头、双肩形成两个三角区。根据眼神的落脚点决定礼仪的意义。<br><br>根据眼神的类型分为：固态、气态、液态眼神。<br><br>根据眼神的角度分为：仰视、平视、俯视、斜视。 |
| 指引礼 | 常用于方位的指引。<br><br>动作要领：身体稍向前倾，把手臂伸直，手指自然并拢，手掌掌心向上，以肘关节为轴，指向目标，忌用一指指向目标。<br><br>常见的指引礼分为：横摆式、斜下式、曲臂式、直臂式。 |

在服务中我们还能想到该用什么礼仪知识呢？我们在用礼时还需要注意哪些事项呢？

## 二、老顾客的线下预约

美容院很多预约对象是老顾客，美容院除了"拓展"新顾客预约服务之外，还要"稳固"老顾客预约服务。Lily除了学习新顾客线下预约外，还要学习老顾客线下预约的服务流程。让我们跟随Lily一起来学习吧！

**老顾客的线下预约**

● **服务流程**　图2-1-12 入座问候

● **服务说明**　面带微笑；

指引礼（详见图）；

搬开凳子，引导顾客入座。　图2-1-12

问候语（赞赏）：

1. "××女士，您对今天的服务还满意吗？"

2. "××女士，您的皮肤越来越白了，真漂亮！"

● **小 提 示**　老顾客做好美容服务后的一个后续服务环节。

● **服务流程**　图2-1-13 发出项目预约的请求

● **服务说明**　面带微笑，保持目光接触；

准备好顾客档案。

询问需求：

1. "××女士，您的卡里还有……，您看下次什么时间再过来做？"　图2-1-13

2. "××女士，这次做了××项目，下次安排您做××项目，两者结合起来更好一些，您看什么时间比较方便？"

● **小 提 示**　在向老顾客进行预约请求时，更侧重于对顾客卡项内容的调配。

● **服务流程**　图2-1-14 核对安排预约

● **服务说明**　确认顾客信息和预约时间、项目及特殊要求；

核对美容师、美容房排班表。

图2-1-14

● **服务流程**　图2-1-15 完成预约

● **服务说明**　向顾客致谢；

"期待您再次光临！"

送客。

图2-1-15

 **议一议**　如果您是老顾客，在进行线下预约时您会更关注哪些方面？或者更期待前台接待员提供哪些服务？

## 相关链接

### 今天你赞美了吗

美国前总统林肯曾说过："一句赞美的话有时影响人的一生。"蔡元培的一句赞美话，使一位不喜欢他上的政治课的学生居然成为哈佛大学哲学专业学生。一句"真是神童啊！"的赞美，使考试不及格的华罗庚成为杰出的数学家。赞美，即称赞，是用语言表达对人或事物优点的喜欢之意。赞美是一种语言艺术，是怀着一种真诚待人的心态表现出的对生活的热爱和精神上的愉快，同时更是一种勇气，将有助于你在现实生活和社会交往中获得成功。

 **任务拓展**

### 一、Lily的新困惑

在熟悉并掌握了美容院"线下预约"的服务流程和三个关键事项后，Lily充满信心地为顾客服务着。她多次注意到这样一件事情：本美容院以往用的茶杯是一次性纸杯，而现在为了环保需要，改用精美的玻璃茶杯。可有些顾客在填写资料时，由于物品太多，总在不经意间将茶杯打碎，增加了许多不必要的麻烦。她想，打碎茶杯的费用由美容院承担，还是由顾客承担，抑或干脆换回原来的一次性纸杯？如果你是客人，你愿意为打碎的茶杯付费吗？聪明的你快来替Lily出个主意吧！

我的观点：_____

_____

_____

_____

_____

他人的观点：_____

_____

_____

_____

_____

_____

## 二、自我活动体验

全班以小组的形式，自主选择角色扮演，进行一次新、老顾客线下预约任一项目的实践，并组织小组评比活动。

班级：　　　　　　　　姓名：　　　　　　　　日期：

| |
|---|
| 扮演角色分配： |
| 实践步骤： |
| 实践结果： |
| 操作评价：<br>自我评分（　　　）　　　小组评分（　　　）　　　教师评分（　　　） |
| 展示推荐：<br>是否自我推荐（　　　）　　　是否小组推荐（　　　） |
| 我的收获和不足： |

# 任务二　线上预约

随着信息化的发展，5G 时代到来，我们的通信方式变得越来越多样化，不仅仅局限于电话，也用社交媒体，如微信、短信、网络预约平台（如大众点评）及企业小程序等来完成服务预约。

线上预约有多种方式，本书以电话预约为例。电话预约根据顾客的类型分为新顾客预约、老顾客预约两种。

### 案例导入

电话铃响了，Lily正在忙其他的事情，过了好久Lily才拿起电话。她气喘吁吁地问道："喂，请问您找谁？"对方很奇怪地挂断了电话，Lily也只好挂了电话。刚好领班小苏路过，Lily咨询了小苏。小苏给Lily分析了原因，并讲解了电话预约的服务流程及注意事项。我们一起来听小苏是怎么进行电话预约的……

Lily不注意接电话的礼仪，给顾客造成不专业的印象，这种印象很难抹去。常说"闻其声，见其人"，电话预约是顾客对美容院的第一印象和形象维护的重要一环。

## 一、新顾客的线上预约

网络预约平台引流的预约，一般还是根据页面中所选择的门店，通过电话的方式预约，所以本任务还是以电话预约的服务流程来做重点讲解，企业的小程序预约方式也将成为未来的重要预约方式，所以也做一些讲述。

## 新顾客的电话预约

● **服务流程**　图2-2-1 热情问候

● **服务说明**　接听电话（三声之内接起电话）；

自报店名："您好，××美容会所。"

表达服务意愿："有什么可以帮助您的吗？"

图2-2-1

● **服务流程**　图2-2-2 电话咨询诊断

● **服务说明**　举例说明

以皮肤"长痘"为例：

G："我最近长了好多痘痘，而且以前我长过痘的
地方有痘疤印。前两天路过你们店门口，看到你们
店是专做祛痘的，我这样的情况能调理好吗？"

F："您好，女士！请问怎么称呼您？"

G："我姓张，弓、长'张'。"

图2-2-2

F："张女士，您好！刚才听了您的说明，对您的情况有了一点
了解。主要是两个问题：一是祛痘，二是是否能祛除痘疤印。
您看我理解得对吗？

G："对！能行吗？"

F："张女士，导致长痘痘的原因很多，不知道您之前长过痘痘
吗？还是最近才有的？"

G："以前也长过，但没有那么严重。"

F："张女士，您最近更换过护肤品吗，还是用彩妆比较多？"

G："哦，最近换了个牌子。"

……

备注：F代表接待员，G代表顾客。

● **小 提 示**　当新顾客打来电话咨询时，一定要给顾客留下专业的印象，使
其产生信任感，这是非常重要的。

◦ **服务流程**　图2-2-3 发出项目预约请求

◦ **服务说明**　抓住时机，提出请求。

F："张女士，您看这样可以吗？因为我们也没有看到您皮肤的状态。您看什么时候有时间来一下，让我们的专业美容师给您看看，再给您建议。"

G："好的，那我周三上午有空！"

F："张女士，那我就帮您约在周三上午了。期待您的光临！"

G："谢谢！"

F："再见，张女士！"

备注：F代表接待员，G代表顾客。

图2-2-3

图2-2-4

◦ **服务流程**　图2-2-4 询问并记录预约信息

◦ **服务说明**　礼貌地询问顾客的信息；

运用"5W1H"询问方法，询问顾客的预约，指定美容师及服务项目。

◦ **小 提 示**　"5W1H"是指：when（何时）、who（何人）、where（何地）、what（何事）、why（为什么）、how（如何进行）。

图2-2-5

- **服务流程** 图2-2-5 核对确认预约

- **服务说明** 再次确认顾客信息和预约时间、项目及特殊要求;

  核对美容师、美容房排班表。

  (顾客来电记录表、美容院预约表详见相关链接中附表1、附表2)。

图2-2-6

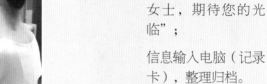

- **服务流程** 图2-2-6 完成预约

- **服务说明** 感谢顾客致电, "×女士, 期待您的光临";

  信息输入电脑(记录卡), 整理归档。

- **小 提 示** 前台接待员须在顾客约定的护理时间前一天, 以电话或短信的方式提醒顾客的预约时间。

 作为前台接待员, 在接听电话时需要注意哪些方面?

## 二、老顾客的线上预约

老顾客线上预约除了传统的电话、短信预约的方式之外, 运用微信或企业小程序进行预约的也越来越多。

**老顾客主动电话预约**

图2-2-7

* **服务流程**　图2-2-7 热情问候

* **服务说明**　接听电话（三声之内接起电话）；

自报店名："您好，××美容会所。"

明确服务对象。

比如："请问怎么称呼您?"

* **服务流程**　图2-2-8 查找顾客预约表

图2-2-8

* **服务说明**　以最快的速度找到顾客预约表，并告知顾客："××女士，请稍等……"

特殊情况处理：

如一时找不到预约表，要及时向顾客致歉：

1. "对不起，××女士，让您久等了……"；

2. "对不起，××女士，还需要再等一会儿……，再次感谢"；

3. "再次感谢您的耐心等待……"。

* **小 提 示**　顾客档案有助于前台接待员快速地掌握顾客相关资料。

图2-2-9

● 服务流程　图2-2-9 询问并记录预约信息

● 服务说明　礼貌地询问顾客的需求；

　　　　　　运用"5W1H"询问方法，询问顾客的预约，指定美容师及服务项目。

---

图2-2-10

● 服务流程　图2-2-10 核对确认预约

● 服务说明　再次确认顾客信息和预约时间、项目及特殊要求；

　　　　　　核对美容师、美容房排班表。

---

图2-2-11

● 服务流程　图2-2-11 完成预约

● 服务说明　感谢顾客致电："×女士，期待您的光临！"

　　　　　　信息输入电脑（记录卡），整理归档。

● 小　提　示　前台接待员须在顾客约定的护理时间前一天，以电话或短信的方式提醒顾客的预约时间。

　　美容院经常会遇到老顾客忘了去做美容项目，前台接待员在加强对顾客的客情维护基础上，还要主动提醒老顾客做美容项目，促进美容卡项的消费。

**老顾客被动电话预约**

- **服务流程**　图2-2-12　查找顾客档案

- **服务说明**　查找长时间未来店消费的顾客档案，找出相关美容服务项目。

图2-2-12

- **服务流程**　图2-2-13　热情问候

- **服务说明**　自我介绍："您好，××美容会所，我是××。"

　　　　　　　　"您现在方便接电话吗？"

　　　　　　　　适度寒暄，表达对顾客的关心。

　　　　　　　　比如："最近您皮肤状况怎么样？"

- **小　提　示**　如遇到顾客不方便接电话时，要选择其他时间再约，切忌紧追不舍。

图2-2-13

- **服务流程**　图2-2-14　发出项目预约请求

- **服务说明**　抓住主题，直入话题。

　　　　　　　　比如："×女士，您好久没有来做美容了，需要我为您预约一下吗？"

图2-2-14

图2-2-15

● **服务流程**　图2-2-15 询问并记录预约信息

● **服务说明**　礼貌地询问顾客的需求；

　　　　　　运用"5W1H"询问方法，询问顾客的预约，指定美容师及服务项目。

图2-2-16

● **服务流程**　图2-2-16 核对确认预约

● **服务说明**　再次确认顾客信息和预约时间、项目及特殊要求；

　　　　　　核对美容师、美容房排班表。

　　　　　　（见附表1、附表2）。

图2-2-17

● **服务流程**　图2-2-17 完成预约

● **服务说明**　感谢顾客致电："×女士，期待您的光临。"

　　　　　　信息输入电脑（记录卡），整理归档。

● **小　提　示**　前台接待员须在顾客约定的护理时间前一天，以电话或短信的方式提醒顾客的预约时间。

## 微信预约方式

● **案例说明**

类型一：顾客与前台微信预约互动（当天预约）

顾客A：几点有空？我现在想来泡澡。

前台接待员：您好，A姐，下午16:30可以。不好意思，前面预约的有客人。姐，今天准备和我们一起待多长时间？

顾客A：哈哈，今天准备待长一点时间，加班加得有点儿累，预留3小时吧！

前台接待员：好的，那我还是给您安排泡澡、肩颈，如果姐您的时间还充裕，可以再做个面部项目。

顾客A：好的。

前台接待员：A姐，我先给您定在下午16:30，我们等您哦！

顾客A：好的。

重点：

1. 语言沟通时要注意跟随顾客的需要及时做好问答和规划，回答时语调要保持一致，语速保持平缓。

2. 注意提前半小时再次与顾客进行确认。

类型二：前台接待员提前预约顾客

前台接待员：B姐，今天下班早的话，下午17:00给您预留一个房间，我提前给您准备点心，可否？

顾客B：今天下午可能会加班，赶不过来，晚一点可以吗？

前台接待员：B姐，您大概几点能过来？我帮您看一下还有没有空档。

顾客B：说不准时间，肯定要18:30以后了！

前台接待员：B姐，我们都好久没有见面了，您看这样可以吗：我先帮您预留一个18:30—19:00的房间，您来之前给我个电话，以便您来泡澡时水温刚刚好，可否？

顾客B：那太好了，就这样定了！

前台接待员：好的，B姐，那您先忙，我们等您哦！

顾客B：好的。

重点：1. 在与顾客预约的时候，语言尽量做到多提供"选择题"，少提供"判断题"。同时，时刻关注顾客的需求，进行灵活地应对。

2. 提前半小时，采用微信的方式提醒顾客，确认到店的时间。

 相关链接

### （一）恰当地使用文明行业用语，让你的服务效率加倍

文明用语，在语言的选择、使用时，应当既表现出使用者良好的文化素养、待人处世的实际态度，又能产生高雅、温和的感觉。文明语言的使用，除了不断努力学习以外，更为重要的是认真地在称呼上、口齿清晰度上、用词文雅上下功夫。称呼上要分场合、分主次，忌用不雅的称呼，如"眼镜""大头"等。口齿方面，尽量做到发音准确、语速平缓、音量适中，切勿语气急躁、生硬，要让顾客喜欢听你说话。最后在用词上，尽量避免怪话和废话的出现，用词应简洁明了。

在行业用语上，需要我们的服务人员认真遵守"三T"法则。"三T"

实际上是英文"Tact""Timing""Tolerance"三个单词的合称，它们的含义分别是"机智""时间""宽容"。"三T"法则就是要求服务人员在使用行业用语时，一定要同时兼顾表现机智、考虑时间、待人宽容三个原则，切不可不分对象，一概而论。当然在服务人员使用行业用语的时候，建议多使用专业术语和敬人之语，慎用服务忌语（不尊重之语、不友好之语、不耐烦之语及不客气之语）。

服务人员在工作岗位上应恰当使用文明用语、行业用语，但切莫对其进行死记硬背，要努力成为一个"有心人"。

## （二）接听电话的礼仪

1. 接听

一般情况下应该保证在电话铃响三声之内接听电话，但要避免在电话刚刚响起时就接电话，否则说不定会让对方吓一跳。在电话铃响第二声以后接电话是最合适的时间。如果因为其他原因在电话铃响三声之后才接起电话，那么首先要说声："对不起，让您久等了！"

2. 态度

拿起话筒后，首先要问好，然后自报家门。严禁以"喂"字开头，因为"喂"的语气，极容易让人反感。所以，接电话时的问候应该是热情而亲切的"您好！"。如果对方首先问好，要立即问候对方，不要一声不吭。至于自报家门，则是为了告诉对方，这里是哪个单位或是哪个部门甚至具体到哪一位。在通话过程中，对打电话的人要谦恭友好，尤其是在打来业务电话咨询或有求于己的时候，更要表现得热情亲切。

3. 时机

当接听电话时，要暂时放下手头的工作，不要和其他人交谈或做其他事情。如果你正在和别人谈话，那么应示意自己要接电话，一会儿再说，并在接完电话后向对方道歉。同时也不要让打电话的人感到"电话打的不是时候"。

4. 语言

| 不正确 | 正确 |
| --- | --- |
| 你是谁？ | 怎么称呼您？ |
| 你叫什么名字？ | 对不起，我没有听清楚您的名字，请您再重复一遍，好吗？ |

续表

| 不正确 | 正确 |
|---|---|
| 你要什么？ | 请问我能帮您什么吗？ |
| 请说大声点！ | 对不起，我听不清您在说什么。您能大点声吗？ |
| 哦，我不是你要找的人。 | 对不起，×小姐，您要找的人不是我，请稍等。 |
| 她出去了。 | 小王出去办事了，大概半小时后回来，等她回来我让她给您回个电话，好吗？ |
| 你打电话给我的经理吧！ | 也许我们的经理可以帮助您解决这个问题，我很高兴帮您与她联系。 |
| 这件事我没有办法答应你。 | 很抱歉，这件事不在我的职权范围内，我要向我的领导请示一下，明天给您回复，可以吗？ |

附表1

## 顾客来电记录表

| 来电时间 | 来电姓名 | 来电电话号码 | 是否会员 | 来电内容 |
|---|---|---|---|---|
|  |  |  |  |  |
|  |  |  |  |  |
|  |  |  |  |  |
|  |  |  |  |  |
|  |  |  |  |  |

附表2

### 美容院预约表

日期：　　年　　月　　日　　　　　　　　　　　星期

| 美容师 | 顾客姓名及预约时间<br>（上午9：30—12：00） | 顾客姓名及预约时间<br>（下午12：00—21：30） |
| --- | --- | --- |
| | | |

 任务拓展

### 一、Lily的新困惑

在接听老顾客电话的时候，Lily没有听完顾客的自我介绍，就直接把"李女士"称呼为"王女士"。请小组讨论：Lily如何处理这样的问题才能让李女士比较满意呢？

我的观点：_____

_____

_____

_____

他人的观点：_____

_____

_____

_____

### 二、自我活动体验

全班以小组的形式，自主选择角色，进行新、老顾客电话预约任——项任务的实践，并组织小组评比活动。

班级：　　　　　　　　姓名：　　　　　　　日期：

| 扮演角色分配： |
| --- |
| 实践步骤： |
| 实践结果： |
| 操作评价：<br>自我评分（　　　）　　　小组评分（　　　）　　　教师评分（　　　） |
| 展示推荐：<br>是否自我推荐（　　　）　　　是否小组推荐（　　　） |
| 我的收获和不足： |

# 任务三　预约更改

预约更改分为预约更改成功、预约更改未成功、取消预约三种情况。前台接待员应根据具体的情况采用不同的解决方式。

## 案例导入

　　张女士临时接到公司的会议通知，不能在预约时间来美容院了，她马上给美容院打了个电话要求更改时间。Lily接到张女士的电话，有条不紊地进行了更改……

　　与顾客的有效沟通有助于为顾客提供更好的服务。Lily接到电话后，开始了有条不紊的更改工作，她这种认真工作的态度为接下来预约更改成功打下了良好的基础。预约更改是美容院中常见的一种现象，预约更改能力是考验前台接待员应变和协调能力的一项重要内容。

## 一、预约更改

### 预约更改

图2-3-1

● **服务流程**　图2-3-1　受理顾客更改预订信息

● **服务说明**　询问要求更改预约顾客姓名；
　　　　　　　询问原始预约时间；
　　　　　　　询问顾客要求更改的日期；
　　　　　　　找到相关预约资料。

● **小　提　示**　在受理顾客预约更改时，一定要耐心听，不要在顾客说话时随意插话。

● **服务流程** 美容院预约更改表确认更改预约

● **服务说明** 确认新日期前，先查看被预约美容师当日的
工作安排；

查看有无空档，可为顾客确认更改，并修改
预约卡；

记录更改预约人的姓名和电话。

● **小 提 示** 在确认新预约内容时，一定要细致查看顾客
预约表，做到准确无误。

| 美容院预约更改表 | | | |
|---|---|---|---|
| 日期： 年 月 日 星期 | | | |
| 美容师 | 顾客姓名及预约时间 | 顾客更改信息 | 备注 |
|  |  |  |  |

图2-3-2

● **服务流程** 图2-3-2 未更改成功的预约

● **服务说明** 客人预约日期已满，及时向客人解释；

告知顾客解决方案，预约暂时放入候补名单，如有
空缺马上与顾客联系，并感谢顾客的理解。

● **小 提 示** 当未能达到预约更改的目的时，要妥善解决好相关
问题并向顾客致歉，以取得顾客的谅解。

**服务流程** 图2-3-3 取消预约

**服务说明** 确认顾客取消的项目、时间及美容师；

感谢顾客的配合。

**小 提 示** 要做到确认准确无误。

图2-3-3

**服务流程** 图2-3-4 完成更改预定

**服务说明** 感谢顾客致电："×女士，感谢您对我们工作的配合，期待您的下次光临！"

将更改的预定单放回顾客档案中或电脑中保存；

将客史档案按日期序列存档。

图2-3-4

 相关链接

### （一）某美容院美容部的特别提示

1. 做护理之前请您提前电话预约，如超过预约时间20分钟，本公司将视为您自动放弃此次预约，我们将另行安排。

2. 为避免护理中出现不良反应，谢绝自带产品。

3. 为避免时间仓促，美容部21：00以后不再预约客人。如有特殊情况，请您向我们说明，我们将酌情安排。如有不便之处，敬请谅解。

## （二）预约更改工作流程示意图

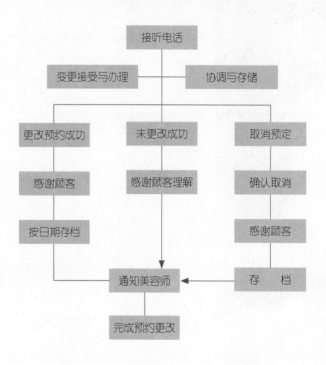

## 二、细节体现优质服务

细节决定成败。在规范服务的基础上，能够用心寻找和关注顾客可能非常重视的细节问题，并努力做到在顾客开口前就主动服务，这是培养顾客忠诚度的一项不可小视的工作。细节服务是一种创造，服务的差别来自细节。细节服务与个性服务相辅相成，细节体现着服务的差异，个性是优质服务的灵魂。

 **任务拓展**

### 一、Lily的新困惑

通过学习，Lily知道在进行预约更改时要做到快速、准确、有效，要进行认真的核对、整理、重新编排工作。Lily还听人说"出色地完成预约变更可以体现一个人的习惯特征和工作能力，也可以反映出一个人的人文素质"。请问，你是如何理解这句话的？

我的观点: _____

_____

_____

_____

_____

他人的观点: _____

_____

_____

_____

_____

## 二、自我活动体验

全班以小组的形式，自主选择角色，进行预约更改中任——项任务的实践，并组织小组评比活动。

班级:＿＿＿＿＿＿＿＿＿　姓名:＿＿＿＿＿＿＿　日期:＿＿＿＿＿

| 扮演角色分配: |
| --- |
| 实践步骤: |
| 实践结果: |

| |
|---|
| 操作评价：<br>自我评分（　　　）　　　小组评分（　　　）　　　教师评分（　　　） |
| 展示推荐：<br>是否自我推荐（　　）　　　是否小组推荐（　　　） |
| 我的收获和不足： |

# 任务四　预约调配

预约调配根据不同的情况有三种解决方式：提出更换美容师、更换美容项目、更换时间。

## 案例导入

　　Lily成功接受了顾客王小姐周四预约的腹部减肥纤体项目，并做好了相应的记录。但美容院老板的好朋友莎莎突然周四也要来做腹部减肥纤体项目，而美容院只有一台机器，Lily很发愁，询问了前台接待员小芳……

　　Lily发愁的是：一位是老顾客的预约，这是职责范围内应该满足的服务；另一位是老板的好朋友，又不好得罪，如何调配才好？预约调配是为了解决某个美容师在同一个时段预约的顾客"撞车"的事情，但是有时还会出现一些美容师和美容仪器闲置的问题，如何通过一些技巧进行协调，让美容院与顾客达到双赢，这是一个优秀的前台接待员必须具备的素质。

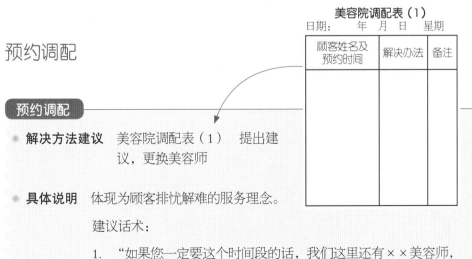

## 预约调配

**预约调配**

- **解决方法建议**　美容院调配表（1）　提出建议，更换美容师

- **具体说明**　体现为顾客排忧解难的服务理念。

建议话术：

1. "如果您一定要这个时间段的话，我们这里还有××美容师，也是这个项目的能手，很多顾客认可，您是否考虑一下？"

2. "××美容师可以吗？之前为您也服务过。"

**美容院调配表（1）**

日期：　年　月　日　星期

| 顾客姓名及预约时间 | 解决办法 | 备注 |
|---|---|---|
|  |  |  |

● **解决方法建议**　美容院调配表（2）　提出建议，更换美容项目

● **具体说明**　体现为顾客排忧解难的服务理念。

　　　　　　建议话术：

　　　　　　"如果您一定要这个时间段的话，我看了一下您的美容项目
　　　　　　卡，还有其他的项目，可以先做其他项目，之后您有空再继
　　　　　　续做这个项目。您看行吗？"

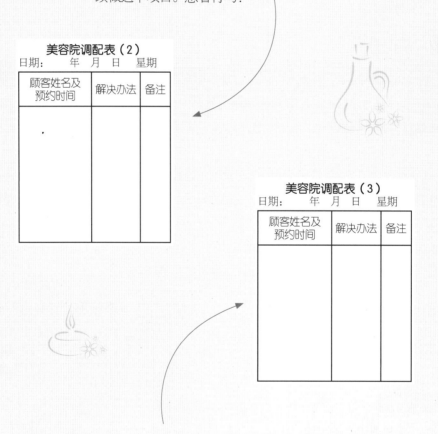

**美容院调配表（2）**

日期：　　年　月　日　　星期

| 顾客姓名及预约时间 | 解决办法 | 备注 |
|---|---|---|
|  |  |  |

**美容院调配表（3）**

日期：　　年　月　日　　星期

| 顾客姓名及预约时间 | 解决办法 | 备注 |
|---|---|---|
|  |  |  |

● **解决方法建议**　美容院调配表（3）　提出建议，更换时间

● **具体说明**　体现为顾客排忧解难的服务理念。

　　　　　　建议话术：
　　　　　　"如果您一定要等××美容师的话，您看是否能换个时间。
　　　　　　我看了一下排班表，还有……您看可以吗？"

| 美容院调配表（4） | | |
|---|---|---|
| 日期：　　年　月　日　　星期 | | |
| 顾客姓名及预约时间 | 解决办法 | 备注 |
| | | |
| | | |
| | | |

● **解决方法建议**　美容院调配表（4）　列入等待名单

● **具体说明**　预约暂时放入候补名单，如有空缺马上与其联系，感谢顾客理解。

建议话术：
"×女士，如果您愿意，我先将您的预约列入等候名单中。一旦其他顾客有更改，我们马上通知您，好吗？"

图2-4-1

● **解决方法建议**　图2-4-1 促成预约

● **具体说明**　感谢顾客致电："×女士，感谢您对我们工作的配合，期待您的下次光临！"

## 相关链接

### （一）预约调配工作流程示意图

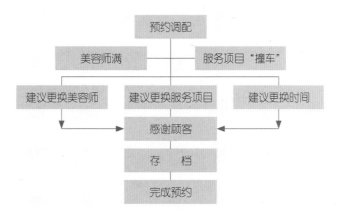

## （二）预约失约行为的处理

预约失约一般有顾客失约和美容院失约两种。如果顾客失约可根据美容院对顾客保留和取消的规定进行处理；如果是美容院失约，则应妥善、及时地处理，否则会引起顾客的极大不满，影响美容院的声誉和形象。当美容院不能为其提供所预约的服务时，一般可以采取以下处理方法。

1. 采取"升格"法，提供更好的服务项目，如加送一些小礼品等。

2. 采取"降格"法，如果达不到顾客的预定要求，当只有更差一些的服务时，委婉地跟顾客商量，并退还差价，同时提供更多的优惠作补偿，使顾客接受。

3. 当前台接待员无法解决时，可以这样做：（1）致歉、解释，请求顾客的谅解；（2）立即向上级领导汇报，请求帮助。

 任务拓展

### 一、Lily的新困惑

通过学习，Lily知道预约中一旦遇到突发问题，应给予顾客多种选择，以体现顾客至上的服务原则，尽可能地帮助顾客达成预约目的，但是遇到难缠的顾客该怎么办？

我的观点：＿＿＿＿＿＿＿＿＿＿＿＿＿＿＿＿＿＿＿＿＿＿＿＿

＿＿＿＿＿＿＿＿＿＿＿＿＿＿＿＿＿＿＿＿＿＿＿＿＿＿＿＿＿＿

＿＿＿＿＿＿＿＿＿＿＿＿＿＿＿＿＿＿＿＿＿＿＿＿＿＿＿＿＿＿

＿＿＿＿＿＿＿＿＿＿＿＿＿＿＿＿＿＿＿＿＿＿＿＿＿＿＿＿＿＿

＿＿＿＿＿＿＿＿＿＿＿＿＿＿＿＿＿＿＿＿＿＿＿＿＿＿＿＿＿＿

他人的观点：＿＿＿＿＿＿＿＿＿＿＿＿＿＿＿＿＿＿＿＿＿＿＿

＿＿＿＿＿＿＿＿＿＿＿＿＿＿＿＿＿＿＿＿＿＿＿＿＿＿＿＿＿＿

＿＿＿＿＿＿＿＿＿＿＿＿＿＿＿＿＿＿＿＿＿＿＿＿＿＿＿＿＿＿

＿＿＿＿＿＿＿＿＿＿＿＿＿＿＿＿＿＿＿＿＿＿＿＿＿＿＿＿＿＿

＿＿＿＿＿＿＿＿＿＿＿＿＿＿＿＿＿＿＿＿＿＿＿＿＿＿＿＿＿＿

## 二、自我活动体验

全班以小组的形式，自主选择角色，进行预约更改中任一一项任务的实践，并组织小组评比活动。

班级：　　　　　　姓名：　　　　　　日期：

扮演角色分配：

实践步骤：

实践结果：

操作评价：

自我评分（　　　）　　　小组评分（　　　）　　　教师评分（　　　）

展示推荐：

是否自我推荐（　　　）　　　是否小组推荐（　　　）

续表

| |
| --- |
| 我的收获和不足： |

 项目总结

　　预约服务就像美容院的第一张名片，它展现着美容院的品质。规范的预约服务流程是建立顾客对美容院专业信任的基础，同时，预约的更改和调配能力是保证美容院为顾客提供优质服务的前提，也是前台接待员的专业素质集中体现的窗口，更是美容院拓展新顾客、维系老顾客的关键一环。

项目三

# 咨询推介

**情境
导入**

　　Lily是中职美容美体专业的高二学生，经过高一系统的美容美体专业技能学习后，到企业见习的过程中，她发现美容服务意识和服务流程也很重要。Lily在前台接待的工作岗位实习时，在遇到顾客的刹那间，发现前台岗位的重要性，真正认识到前台岗位是美容院的第一道窗口。听领班小苏说美容院咨询推介服务也很重要，我们与Lily一道跟随小苏学习吧！

**我们的目标是
让我们的学生学会**

- 咨询服务
- 推介服务
- 异议处理

**任务实施中**

# 任务一　咨询服务

咨询服务是以皮肤诊断为主题的服务，咨询服务分为迎宾、皮肤诊断、分析三个环节。

## 案例导入

Lily接待了一名脸上发红的陈女士，陈女士很迷茫，不知道自己的皮肤为什么会变成这样。看到接待员Lily的好皮肤，陈女士好生羡慕，就向Lily倾诉自己的烦恼。Lily耐心地倾听陈女士的表述，建议她做个皮肤测试，对她的皮肤过往史进行了一些了解，根据陈女士的情况做了咨询服务，我们跟着Lily一起为陈女士咨询吧……

Lily的耐心服务给陈女士留下了很好的印象，为接下来的美容服务打下了一个很好的基础。咨询服务为推介服务做铺垫，在顾客面前树立良好的专业形象。

# 咨询服务

咨询服务

图3-1-1

图3-1-2

● **服务流程** 图3-1-1、图3-1-2、图3-1-3 迎宾

● **服务说明** 开门，鞠躬礼；

引导入座；

端茶、奉茶；

询问顾客的意愿。

图3-1-3

● **举　　例** 1. 您好，欢迎光临！

2. 您是第一次来吗？

3. 您想了解面部护肤还是身体护理？

4. 这边请。

5. 请稍等，我帮您倒杯水。

6. 这里有最新的杂志，请稍等，我马上来为您服务。

……

◎ **服务流程** 图3-1-4、图3-1-5 皮肤诊断

◎ **服务说明** 面诊：观察顾客的皮肤状态，使用望、问、摸的手法观察；

借助仪器诊断：根据顾客的皮肤状态选择仪器进行诊断。

◎ **小 提 示** 1. 皮肤分析要以当时的皮肤为准。

2. 判断皮肤类型时，结合皮肤的问题所占的比重做出判断。

3. 超出美容范围的皮肤病不要擅自诊断，也不要夸大能力，以免误诊。

图3-1-4  　　　　　　　　　　图3-1-5

图3-1-6

◎ **服务流程** 图3-1-6 咨询

◎ **服务说明** 坐在顾客的左侧；

培养信任感；

认真倾听，积极关心；

确认顾客需求；

填写顾客分析卡。

◎ **小 提 示** 1. 多用问候语。

2. 寒暄要适度。

**议一议** 顾客在倾诉的时候，若美容师不认同顾客的观点应怎么办？

### 相关链接

#### （一）美容院咨询服务流程图

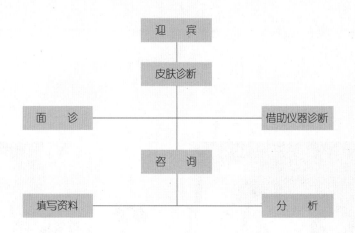

#### （二）皮肤的基本测试与诊断

皮肤的专业诊断方法是在充分了解皮肤相关知识的前提下，通过仪器和一定的方法，对皮肤所表现出来的征象或状态进行全方位的判断。美容院一般采用肉眼观察法或通过仪器来进行测试。

1. 目测法

比较直观地分析皮肤状态，在彻底清洁皮肤后，用肉眼观察皮肤状态，可观察皮肤颜色、皮肤光泽、皮肤纹理的粗细及皮肤毛孔的大小，用手触摸，可判断皮肤的光滑、粗糙程度，皮肤的柔软度、皮肤的干湿性和弹性等。

**肉眼观察皮肤的特点**

| 皮肤类型 | 毛 孔 | 色 泽 | 厚 薄 | 纹 理 | 其 他 |
| --- | --- | --- | --- | --- | --- |
| 干性皮肤 | 细小不明显 | 色较浅，少光泽 | 较薄 | 细腻 | 易长色斑 |
| 油性皮肤 | 粗大 | 色较深，有油光感 | 较厚 | 粗深 | 易生粉刺和暗疮 |
| 中性皮肤 | 细小 | 色较浅，有光泽 | 不太厚 | 较细腻 | 光滑无瑕疵 |
| 混合性皮肤 | 部分粗大 | 色泽不匀 | 厚薄不均 | 部分较粗 | 可能有色斑和粉刺等 |
| 敏感性皮肤 | 紧闭 | 潮红 | 薄 | 细 | 可见微血管扩张 |

2．仪器测试

（1）紫外光皮肤测试仪

**皮肤测试仪下的各类皮肤显示色**

| 颜色 | 青白色 | 青紫色 | 青黄色 | 橙黄色 | 淡黄色 | 紫色 | 深紫色 |
|------|--------|--------|--------|--------|--------|------|--------|
| 皮肤类型 | 健康的中性皮肤 | 干性皮肤 | 油性皮肤 | 粉刺皮脂部位 | 粉刺化脓部位 | 敏感皮肤 | 超干性皮肤 |

（2）电脑皮肤测试仪

测试的类型：水分测试、含油测试、测试毛孔大小、皮肤表皮粗糙程度、皮肤色素沉着等。

### （三）问题皮肤的类型及特点

现代人的皮肤性能会随着各种因素的变化而变化，受各种因素影响，皮肤会发生一些问题，如痤疮、色斑、敏感皮肤、过敏皮肤及眼部问题等。

痤疮，俗称青春痘、粉刺、暗疮，中医古代称面疮、酒刺。一般发病于青春期的青少年。痤疮是一种发生于毛囊皮脂腺的慢性炎症，多发于头面部、颈部、前胸、后背等皮脂腺丰富的部位。皮损主要发生于面部，也可发生在胸背上部及肩部，偶尔也发生于其他部位，但从不涉及眼部周围的皮肤。炎症明显时，会引发疼痛和触痛。根据临床分析，皮损主要表现为以下几种类型：1．点状痤疮（黑头粉刺）；2．丘疹性痤疮；3．脓包性痤疮；4．结节性痤疮；5．萎缩性痤疮；6．囊肿性痤疮；7．聚合性痤疮。

色斑也叫黑斑。色斑是影响面部美观的重要问题，也是皮肤容易出现的问题之一。色斑一般有雀斑、肝斑（黄褐斑）、晒斑、老年斑。

敏感性皮肤就是易受刺激而引起某种程度不适的皮肤，这种皮肤一般都比较白，毛孔也比较细，但非常脆弱，易受刺激。

过敏是各种因素造成的皮肤红、肿、热、痛、瘙痒等现象，通常，敏感性皮肤容易过敏，而过敏的皮肤不一定敏感。

眼部周围的皮肤特别柔细纤薄，眼周皮肤的汗腺和皮脂分布较少，真皮、纤维及胶原组织较少，加上眼部肌肉动作频繁，水分蒸发较快，特别容易干燥缺水，较易衰老，易出现黑眼圈、鱼尾纹、眼袋及浮肿等问题。

## （四）案 例

### 当遇到棘手的皮肤问题时……

××美容院来了一位新顾客，根据顾客的描述，她属于超级敏感的皮肤，以前在美容院用过脱敏产品，第二天就会起水疱，所以就不敢来。现在情况更糟糕，不要说用产品，连情绪激动、冷风、热风变化频繁也会瘙痒、红肿等。看到宣传，过来咨询一下，看看能否解决好皮肤问题。

接待员小王认真接待了这位女士，详细询问了她对哪种产品有过敏史，并做了详细记录。这位女士的皮肤问题，处理起来的确有些棘手。小王很冷静地同美容顾问一起，为这位女士做了认真解答："感谢您对我们的信任。鉴于您的情况，我们美容院无法处理，建议您尽快到医院皮肤科进行治疗，等完全好转后，再欢迎到我们美容院来做修复性护理，这是我们的强项……"女士听了小王的解释，连声称赞。之后，女士取了一张美容院的名片，并留下了自己的联系方式，表示以后一定会光顾这家美容院。

**评析**

美容院的定位很重要，不能一味追求经济效益而忽略美容院的作用。前台接待员小王对美容院所开设的服务项目做到了心中有数，同时也掌握了接待咨询的相关技巧和美容医学常识。小王实事求是地告知顾客皮肤存在的问题，并提出合理的建议，一方面能有效地帮助顾客解决皮肤问题，不至于延误病情；另一方面也增加了顾客对美容院的信任度，为美容院赢得了"诚信、专业"的良好企业形象。

——本案例参考张晓梅主编《美容服务要点及案例评析》

## （五）服务的"三A"法则

懂得服务礼仪的核心之点在于恰到好处地向服务对象表述自己的尊敬之意，对改进服务人员的服务作风、端正服务意识、提高服务质量大有益处。

根据服务礼仪的规范，服务人员向顾客表达尊敬之意，必须抓住三个重要环节，即接受对方、重视对方、赞美对方。对应的英文单词为"Accept（接受）""Appreciate（重视）""Admire（赞美）"，因这三个单词的首字母均为A，所以称之为"三A"法则。

接受即接受服务对象，服务人员满怀期待地对待顾客，亲和友善地服务顾客，不应该怠慢、冷落、排斥、挑剔甚至为难顾客。反之，很有可能带来服务质量的下降，这里讲的服务质量包括服务态度和服务技能两方面。在一般情况下，顾客对服务态度的重视程度，往往高于对服务技能的重视程度，换句话说，服务态度是打开服务的第一步，所以服务人员端正的服务态度是决定服务下一步的关键，只有真正意义上理解顾客的重要性，诚心诚意地理解客户至上的原则，自然而然地达到认可顾客、尊重顾客，才能真诚地接近顾客，了解顾客之所需，这样才能更有效地提高服务质量。

重视即眼里有服务对象。当服务人员眼里有顾客的时候，就会主动关心服务对象，认真对待服务对象。通过为服务对象提供服务，真切地让对方感受到被关注、被关心的感觉。比如在服务中要牢记顾客的姓名，标识好顾客的类型、性格特征、爱好及禁忌，对特殊的顾客要做好标记，善用尊称，让顾客备受尊重，并尽量做到倾听，让顾客把话说完，尽量不插话。服务人员在服务过程中努力做到目中有人，有求必应，有问必答，想对方之所想，急对方之所急，认真满足顾客的合理需求，努力提供良好的服务。

赞美是服务的一剂良方。赞美其实就是对顾客的一种认可与肯定。一位服务人员要有一双善于发现美的眼睛，及时、有效、真实地发现对方的长处，及时地、恰到好处地向顾客表达欣赏、肯定及称赞的意愿。值得注意的地方是我们的赞美要适可而止，不可过分夸大其词，给人一种不真实的感觉。

一名服务人员在自己的岗位上为顾客服务时，能够规范地运用服务礼仪知识固然重要，但是生搬硬套地运用知识，会让人感到服务人员做法太过刻意。服务本身来源于服务人员的内心，因此提高服务人员的感知力和爱的能力很重要。让我们从自己身上找到发光点，用美好的感觉影响你身边的人。

## 🔧 任务拓展

### 一、Lily的新困惑

前台来了一名满脸都是痘痘的新顾客，而且痘痘还冒着白头。Lily看到小苏只观察并摸了一下皮肤，就立刻进行了推介，顾客满意地接受了她的推介。Lily满怀疑虑：不是要通过皮肤测试仪器才能做推介吗？你觉得Lily

的疑虑有道理吗?

我的观点: _____

_____

_____

_____

他人的观点: _____

_____

_____

_____

## 二、自我活动体验

| 体验内容 | 为一名敏感性问题皮肤的顾客咨询 |
|---|---|
| 体验目的 | 掌握敏感性问题皮肤的诊断及相关咨询话术，提高学生的咨询和操作水平 |
| 体验准备 | 1. 模拟前台接待环境<br>2. 皮肤测试仪<br>3. 顾客皮肤登记卡 |
| 体验方法 | 1. 情境演示或情境假设<br>2. 学生两人一组，分别扮演前台接待员和顾客模拟练习<br>3. 请两组学生演示，并讨论讲评<br>4. 各小组再练习<br>5. 师生总结提高 |

## 任务评价

| | 评价内容 | 内容细则 | 配分 | 评分记录 | | | |
|---|---|---|---|---|---|---|---|
| | | | | 学生自评 | 组长评分 | 教师评分 | 总分 |
| 1 | 仪容仪表 | 仪容仪表是否整洁 | 20 | | | | |
| 2 | 接待 | 是否面带笑容、流程是否流畅 | 20 | | | | |
| 3 | 皮肤诊断 | 能诊断基本的皮肤类型，会使用皮肤测试仪 | 30 | | | | |
| 4 | 咨询 | 会根据皮肤测试结果进行咨询 | 30 | | | | |

# 任务二　推介服务

 ## 案例导入

　　王小姐看着Lily呈上的美容项目表，随意问道："这个'美丽色变'主要是做什么的？好像蛮有意思的。""王姐，您问的是'美丽色变'这个项目吗？您是不是对这个项目有兴趣？"进一步确认顾客对美容项目的兴趣。"不是的，我只是觉得这个名字有点意思，所以随便问问。""哦，那需要我给您介绍一下吗？还是根据您的皮肤状况做个推介，有没有特别的要求？"将问题转化为对顾客需求的了解，将随便问问转化为购买意向。

## 推介服务

**推介服务**

图3-2-1

● **服务流程**　图3-2-1 把握顾客消费心理

● **服务说明**　认真观察顾客；

　　　　　　　把握顾客购买行为的心理活动。

图3-2-2

- **服务流程**　图3-2-2 接近顾客，挖掘顾客需求

- **服务说明**　恰当运用礼貌用语。

图3-2-3

- **服务流程**　图3-2-3 抓住顾客心理，推介项目

- **服务说明**　项目内容介绍；

项目特点介绍；

产品介绍。

图3-2-4

- **服务流程**　图3-2-4 成功开卡

- **服务说明**　成功交易；

移交美容师进行相应服务。

## 相关链接

### （一）推介服务流程

一般来说，前台接待员和美容顾问的推介服务包括把握顾客消费心理、接近顾客、合理使用服务用语、项目推介、成功开卡等。

### （二）不同阶段顾客的心理

| 顾客购买心理阶段 | 任务细分 |
| --- | --- |
| 第一阶段　留意 | 等待接近顾客的机会 |
| 第二阶段　感兴趣 | 把握机会与顾客走近沟通 |
| 第三阶段　联想 | 简要说明项目（产品）的特征、描绘项目（产品）的效果、展示图片、挖掘顾客喜好、推介合适的项目（产品） |
| 第四阶段　欲望 | 对适合的项目（产品）做特别的说明，推介顾客尝试 |
| 第五阶段　比较 | 从各种角度对项目（产品）进行说明和比较，增强说服力 |
| 第六阶段　信任 | 用具体案例和数据获得顾客的信赖 |
| 第七阶段　决定 | 根据顾客的情况抓住总结的机会，促使顾客下定决心 |
| 第八阶段　满足 | 请顾客帮助宣传项目（产品），热情服务 |

### （三）顾客消费心理类型

| 顾客类型 | 接待方法 |
| --- | --- |
| 性急型：<br>性格急躁、爱发脾气、喜欢改变 | 此类顾客性情急躁，容易动怒，对其想要的服务应迅速给予，使其感到服务者的动作快，切莫让她感到不耐烦 |
| 迟钝型：<br>爱好易改变，不易兴奋 | 此类顾客不会轻易决定购买或确定服务类型，必须要有耐心，要努力倾听，再通过谈话的方式与其沟通，促使其接纳最合适的服务项目或产品 |
| 含蓄型：<br>性情固执，对周围事物不熟悉，规规矩矩，一丝不苟，对别人的关心不理睬 | 应从顾客的动作或表情中留意其关心的事物或购买动机，进行回答时也应谨慎。面对此类顾客，需仔细观察其肢体语言 |

| 顾客类型 | 接待方法 |
|---|---|
| 健谈型:<br>聪明,适应力强,为人大方,对人漠不关心,易感情用事 | 此类顾客令人很容易探察其消费动机及对产品的意见,在交谈时应掌握其偏好,适时促销 |
| 抑制型:<br>爱好持久,不易改变,不易兴奋 | 此类顾客眼神不定,难做决定,必须详细说明产品类型、颜色、效果、价格或服务项目的内容,并设法排除其抵触心理,使其产生安全感 |
| 疑惑型:<br>聪明,缺乏独创性,怀疑,嫉妒心强 | 此类顾客个性偏执难以相信别人,在交谈时了解其疑惑点,应耐心细致地予以说服,解开其心中的各种疑问,使之成为长期顾客 |
| 知音型:<br>容易兴奋,爱好不易改变 | 此类顾客自以为很内行,对产品似懂非懂,设法迎合其心意,争取共鸣,也可以采用请教方式与其沟通 |
| 包容型:<br>乐观、亲切、害怕权威 | 此类顾客外表斯文,自尊心较强,好面子,对话时要客气、谨慎,使其感觉实在,可信度高 |
| 挑剔型:<br>个性偏执,不轻易相信别人,爱挑剔 | 此类顾客切忌多言,言多必失,细心听取批评,了解其偏执的原因,设法打开其心结 |

## (四)与顾客沟通的说话原则

| 原　则 | 举　例 |
|---|---|
| 不用否定式,多用肯定式 | 否定式:"没有××项目(产品)。"<br>肯定式:"××项目(产品)现在没有,但有相似的项目(产品)。" |
| 不用命令式,多用请求式 | 命令式:"稍等一会儿。"<br>请求式:"请您稍等一会儿。" |
| 多尊重 | 表述者站的角度不同:<br>"这个项目对您真的很合适,不是吗?"<br>"这个项目能帮助您解决皮肤问题,不是吗?" |
| 拒绝时先说"对不起",后加请求式语句 | 没加入请求式语句:"这个项目没有。"<br>"抱歉(对不起),×女士!这个项目已经没有了。" |
| 不断言,让顾客自己选择 | 断言:"这个项目肯定适合您。"<br>建议:"我觉得,根据您的皮肤状态,这个项目比较适合您。" |
| 在自己的责任范围内说话 | 强调顾客的责任:"您确实是这样说的。"<br>承认是自己的责任:"是我没有弄清楚。" |
| 多说感谢和赞美的话 | 没加赞美:"这个今年最流行。"<br>加入赞美:"您的眼光真不错,这个项目很适合您。" |

## （五）案　例

### 因为专业，所以信任

李女士做完护理后，站在大厅等朋友来接。闲暇无事，李女士和前台接待员小芳聊起了皮肤保养心得，细心的小芳发现李女士对皮肤的保养很讲究，并且对护肤产品也懂得不少。于是在和李女士聊起祛斑心得时，小芳教了李女士很多食疗的方法。李女士很感兴趣，大夸小芳够专业，但李女士很伤心地说到自己的黄斑问题，小芳顺势和李女士推荐了最新的祛斑项目，并把这个项目的优缺点表述出来，李女士马上从小芳那里购买了新的产品项目。

**评析**

顾客的信任是建立在对服务人员肯定之后产生的消费心理上的。很多时候，单纯的营销会导致顾客产生厌烦心理。把顾客当成朋友，并真诚地告知其一些美容知识，让顾客觉得你的专业知识能够帮助她解决问题，你所展现出的专业素质，是建立顾客信任度的重要因素。前台接待员小芳就是运用了这一原理，成功地对李女士进行了产品项目的推介，双方都感觉很满意。所以，发现顾客的需求并设法满足其需要是推介过程的重点，也是决定推介是否成功的关键。

 任务拓展

### 一、Lily的新困惑

Lily今天遇到了一位顾客，前一秒觉得Lily推介的美容项目很好，后一秒又说要看看。大家帮助Lily判断一下，这位顾客属于什么类型？怎么做才能推介成功呢？

我的观点：＿＿＿＿＿＿＿＿＿＿＿＿＿＿＿＿＿＿＿＿＿＿＿＿

＿＿＿＿＿＿＿＿＿＿＿＿＿＿＿＿＿＿＿＿＿＿＿＿＿＿＿＿＿＿＿

＿＿＿＿＿＿＿＿＿＿＿＿＿＿＿＿＿＿＿＿＿＿＿＿＿＿＿＿＿＿＿

＿＿＿＿＿＿＿＿＿＿＿＿＿＿＿＿＿＿＿＿＿＿＿＿＿＿＿＿＿＿＿

＿＿＿＿＿＿＿＿＿＿＿＿＿＿＿＿＿＿＿＿＿＿＿＿＿＿＿＿＿＿＿

他人的观点： _____

_____

_____

_____

_____

## 二、自我活动体验

| 体验内容 | 推介祛痘美容项目 |
|---|---|
| 体验目的 | 掌握推介祛痘美容项目的服务流程，提高学生的沟通能力和操作水平 |
| 体验准备 | 1. 模拟前台接待环境<br>2. 项目推介表<br>3. 顾客皮肤登记卡 |
| 体验方法 | 1. 情境演示或情境假设<br>2. 学生两人一组，分别扮演前台接待员和顾客模拟练习<br>3. 请两组学生演示，并讨论讲评<br>4. 各小组再练习<br>5. 师生总结提高 |
| 体验流程 ||

任务三　异议处理

 案例导入

　　陈小姐向Lily咨询了很多皮肤的问题，但迟迟没有开卡的意向，领班小苏也过来一起帮助Lily了解陈小姐的情况，在交谈中，领班小苏了解到陈小姐对美容项目不是很有信心，Lily把这个项目说得有点悬，陈小姐半信半疑，拿不定主意……

## 异议处理

**异议处理**

图3-3-1

● **服务流程**　图3-3-1　了解、分析异议类型

● **服务说明**　"谈"
　　在与顾客的交谈中，了解顾客真正的意图。

　　"析"
　　分析产生异议的因素，是顾客自身的问题，还是接待员的问题。

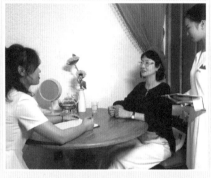

图3-3-2

● **服务流程**　图3-3-2 处理异议的方法

● **服务说明**　"商"
与顾客沟通解除异议的方案。

"协"
请求同事或店长帮助一起协商处理异议，事件处理的情况和结果应尽快通知顾客，听取顾客意见。

"解"
解除顾客的疑虑，耐心向顾客解释，并取得顾客的信任。

"赞"
赞赏顾客，取得顾客的认同感。

● **小　提　示**　1. 一定要认真、细致地对待顾客的顾虑，解除顾客的疑虑。

2. 发挥团队优势，促使异议尽快解决。

图3-3-3

● **服务流程**　图3-3-3 促使成交

● **服务说明**　"定"
详细记录顾客的资料，增加服务小细节，如送一些小礼品，感谢顾客的支持。

## 相关链接

### （一）美容院前台处理顾客异议操作流程

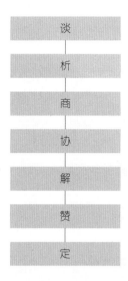

谈

析

商

协

解

赞

定

### （二）产生异议的原因

| 原　　因 | 具体说明 |
|---|---|
| 顾客原因 | 顾客没有购买欲望<br>顾客情绪低落<br>顾客预算不够<br>顾客对项目（产品）不感兴趣<br>顾客认为提供的项目（产品）无法满足自己的需求<br>顾客有异议，故意挑毛病 |
| 项目（产品）的原因 | 使用价值的异议<br>功能异议<br>质量的异议<br>价格的异议<br>品牌的异议 |
| 接待原因 | 接待员的行为举止令顾客反感<br>接待员为了说服顾客，隐瞒事实，欺骗顾客<br>接待员说了过多的专业术语 |
| 虚假的异议 | 顾客并不想消费，因而找各种借口敷衍了事<br>顾客提出很多异议，但很多异议不是她真正关心的问题 |
| 隐藏的异议 | 为了争取更有利的交易条件，顾客故意不说出真正的原因，而提出异议 |
| 真实的异议 | 顾客表示目前不需要，或者对项目（产品）不满意或有偏见 |

## （三）处理异议的策略

| 策　略 | 具体说明 |
|---|---|
| 立即处理 | 顾客很关心该异议<br>只有处理好异议才能进行推介<br>处理完异议马上成交 |
| 稍后处理 | 在你的权限外或有不确定的事情，承认自己无法立刻回答，但保证给予答复。当顾客还没有完全了解项目（产品）的特性及利益前提出价格问题时，异议延后处理 |

## （四）常见的异议处理方法

| 方　法 | 具体说明 |
|---|---|
| 需求异议 | 突出项目（产品）的优势<br>强调解决的问题 |
| 价格异议 | 重价值、轻价格<br>分解价格 |
| 时间异议 | 引导顾客消费价值观<br>如果顾客真无意成交，留下联系方式，便于日后联系 |
| 产品异议 | 通过各种方式，证明产品的可信度<br>树立品牌意识 |

## （五）案　例

### 水货？绝对不可能的事

　　美容院来了一名四十多岁的顾客，她慢悠悠地走到美容院的产品柜台前，漫不经心地浏览着橱窗里陈列的产品。这家美容院的产品有不少是国际品牌。前台接待员小丽看到这位女士，热情地迎了上去。小丽热情地说："大姐，欢迎光临！请问有什么可以帮您的吗？"那位顾客回答说："谢谢，我先看看……"小丽跟着女士，顾客接着说："你们产品的外包装很精致，好多都是大牌，你们这里也代理吗？会不会是水货……"小丽解释道："水货？绝对不可能的事！我们美容院虽然不大，但已经经营了八年，单是老顾客就有上百位，如果我们卖水货，怎么会有那么多的顾客呢？也不可能坚持八年依然生意兴隆，您对我们美容院还不了解，才有这样的想法，我们能够理解。"听了小丽的解释，那位女士有些不好意思，解释道："我只是问一问，没有别的意思……我买过水货，买怕了……"最后，这位女士购买了一套产品。

**评析**

　　在推介过程中，要给顾客一个肯定的回答，并用事实数据来证明，以增加顾客的信任度。对顾客提出非原则性的问题，接待员无须争个输赢，巧妙地运用事实数据来解释异议。

　　　　　　　　——本案例节选自张晓梅主编的《美容服务要点及案例评析》

 任务拓展

### 一、Lily的新困惑

　　Lily接待的一名顾客，在Lily给她优惠之后，还要Lily再给她优惠一点儿，但她提的要求已经超出了Lily的权限范围，Lily很是苦恼。如果你是Lily，你该怎么办？

　　我的观点：＿＿＿＿＿＿＿＿＿＿＿＿＿＿＿＿＿＿＿＿＿＿＿＿

＿＿＿＿＿＿＿＿＿＿＿＿＿＿＿＿＿＿＿＿＿＿＿＿＿＿＿＿＿＿＿＿＿

＿＿＿＿＿＿＿＿＿＿＿＿＿＿＿＿＿＿＿＿＿＿＿＿＿＿＿＿＿＿＿＿＿

＿＿＿＿＿＿＿＿＿＿＿＿＿＿＿＿＿＿＿＿＿＿＿＿＿＿＿＿＿＿＿＿＿

　　他人的观点：＿＿＿＿＿＿＿＿＿＿＿＿＿＿＿＿＿＿＿＿＿＿＿＿

＿＿＿＿＿＿＿＿＿＿＿＿＿＿＿＿＿＿＿＿＿＿＿＿＿＿＿＿＿＿＿＿＿

＿＿＿＿＿＿＿＿＿＿＿＿＿＿＿＿＿＿＿＿＿＿＿＿＿＿＿＿＿＿＿＿＿

＿＿＿＿＿＿＿＿＿＿＿＿＿＿＿＿＿＿＿＿＿＿＿＿＿＿＿＿＿＿＿＿＿

＿＿＿＿＿＿＿＿＿＿＿＿＿＿＿＿＿＿＿＿＿＿＿＿＿＿＿＿＿＿＿＿＿

### 二、自我活动体验

| 体验内容 | 处理一位对美容项目有异议的顾客的事件 |
| --- | --- |
| 体验目的 | 掌握对美容项目有异议的顾客服务的流程，提高学生的沟通能力和操作水平 |

续表

| 体验准备 | 1. 模拟前台接待环境<br>2. 项目推介表<br>3. 顾客皮肤登记卡 |
|---|---|
| 体验方法 | 1. 情境演示或情境假设<br>2. 学生两人一组，分别扮演前台接待员和顾客模拟练习<br>3. 请两组学生演示，并讨论讲评<br>4. 各小组再练习<br>5. 师生总结提高 |
| 体验流程 | |
| | |

 项目总结

　　咨询推介是关乎美容院经济命脉的一项重要工作。成功的咨询推介服务，既能让顾客认识到自身存在的问题，又能使她（他）认可推介的产品（项目），能有效地解决她（他）的问题。前台接待员除了要对美容院的项目（产品）了如指掌，更重要的是要了解顾客的消费心理，不能为了推介而推介，应该善于观察，抓住顾客的真实意图，满足顾客的需求。

# 项目四

## 结账送客

本店支持

银联支付 Union Pay | 支付宝 ALIPAY | 微信支付

任务一　签单结账

任务二　票据处理

任务三　送客服务

　　结账送客是美容院前台接待员服务店内顾客的最后一个环节。前台接待员不仅要做好工作准备，而且要做好各项后续服务。小苏告诉Lily，结账送客是给顾客留下最深刻印象的部分，这个环节的好坏直接影响顾客对美容院的评价。我们与Lily一道跟随小苏学习吧⋯⋯

我们的目标是
让我们的学生学会

- 账单的结算
- 票据的处理
- 送客的服务流程

任务实施中

# 任务一　签单结账

 **案例导入**

　　Lily在跟小苏学习时，总觉得每次签单结账都是一件很复杂的事情，有的顾客是单次消费，有的顾客则是签单，还有的顾客则是续卡。是先结账，还是先收回钥匙？Lily很容易混淆操作步骤，总是手忙脚乱……

　　签单结账是顾客离开美容院的最后一道程序，顾客大都希望快速准确地办完签单结账手续。签单结账的操作程序到底是怎么样的呢？让我们一起来帮助Lily理清正确的程序。

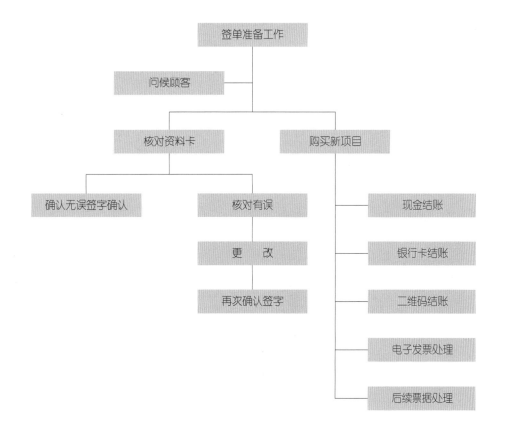

图4-1-1

图4-1-2

● **服务流程** 图4-1-1、图4-1-2 签单准备工作

● **服务说明** 个人卡项准备
在顾客进行最后一个护理步骤时，提前找出该顾客的资
料卡，并做好此次护理的记录工作。

饮品准备
根据美容项目准备相应饮品。

图4-1-3

● **服务流程** 图4-1-3 问候顾客

● **服务说明** 给走出美容室结账
签单的顾客递一杯
清淡饮品，询问顾
客护理的感受。

**服务流程**　图4-1-4 核对资料卡

**服务说明**　与顾客一起核对资料卡中的护理项目、护理时间、护理频次。告知顾客该疗程剩余的护理次数。

图4-1-4

图4-1-5

**服务流程**　图4-1-5 请顾客在资料卡上确认签字

**服务说明**　确认无误后请顾客签字确认，在顾客签字前，将笔套打开，笔尖对着自己，然后用左手将笔递给顾客，请顾客签字。

**小　提　示**　有时顾客需要购买一些产品带回家使用，应先将其所需产品准备好，备齐产品使用说明书。并在结账前当着顾客的面清点核对好，查看包装是否完整，最后将产品包装好。

● **服务流程**　图4-1-6 核对有误

● **服务说明**　如核对有误，应及时更改，并向顾客表
　　　　　　　示歉意，更改后再次请顾客确认签字。

图4-1-6

图4-1-7

● **服务流程**　图4-1-7 购买新护理项目

● **服务说明**　当顾客购买新疗程时，前台接待员应与美容师
　　　　　　　一起与顾客确认所购买护理项目的疗程次数、
　　　　　　　护理时间、护理频次。

图4-1-9　　　　　　　　　　图4-1-8

● **服务流程**　图4-1-8、图4-1-9、图4-1-10、图4-1-11结账

● **服务说明**　现金结账：双手收取顾客的款项，给顾客找钱时，要唱收唱付并提醒顾客妥善保管。

银行卡结账：根据银行卡操作流程迅速准确地为顾客办理结账。

二维码结账：通常用微信或支付宝扫码进行交易。

开具发票：收款完毕后，前台接待员应主动为顾客开具发票。发票必须严格按照《中华人民共和国发票管理办法实施细则》填写。

前台接待员将发票、账单、找零或银行卡回单一并交予顾客。

图4-1-10

● **小　提　示**　如顾客出具支票，则应将支票平整地放入支票夹内交予主管。

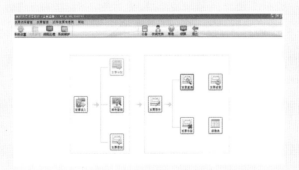

图4-1-11

图4-1-12

● **服务流程** 图4-1-12 后续单据处理

● **服务说明** 将顾客所购买的护理项目"消费账单"妥善保管，汇总归类交予审计员审核。

## 相关链接

### 真假钞中水印的辨识方法

1. 确定被检水印图案是否在正常位置，如果固定水印图案的位置相差较大，一般很有可能是假水印（有极少数真钞水印图案偏差也较大）。

2. 印刷或加盖的假水印（在钞纸的表面或两张粘贴的纸里面），迎光透视，图案轮廓线特别清晰，而真钞水印图案的轮廓都是相对清晰的，图案造型柔润。印在钞纸表面的假水印，从侧面倾斜对光看，可见明显的印迹，在紫光灯照射下图案清晰可见，真钞则看不到这样的印迹。

3. 固定水印的人像，真钞神态自然，层次有立体感，黑、灰、白色过渡自然。假水印人物神态呆板不自然，有的人物不像或模糊不清。

4. 真钞水印是正反两面，一面较为平整，另一面稍微有些凸起。用手摸有浮凸感。假水印两面都平整，在两张薄纸中间涂有糊状物质、加盖印戳的假水印，用手摸纸张也有浮凸感，有的则太浮凸，对光透视水印部位纸张透光度很差，也比别的部位要厚。

 任务拓展

### 一、Lily的新困惑

孙小姐和胡小姐是好朋友，经常结伴来做护理。这天两人又结伴而来，孙小姐购买的护理项目在上一次护理时已全部结束，而孙小姐身上又没带多少钱。胡小姐提议让孙小姐用自己购买的项目先做。Lily没了主意，请你帮Lily分析一下胡小姐的提议是否可行。

我的观点：_____

_____

_____

_____

_____

_____

他人的观点：_____

_____

_____

_____

_____

_____

### 二、自我活动体验

1. 小组合作进行角色扮演，一人扮演前台接待员，另一人扮演顾客，完成结账签单的全过程。其他同学观摩并评价。

2. 观察人民币纸币，看看有什么防伪标志。

任务二　票据处理

### 案例导入

　　金女士购买了S品牌美容院专供面霜套装并要求开具发票。收银结束后，Lily将账单和发票一并交给了金女士。金女士是会计，对此很有职业敏感性。她仔细查看了账单和发票，单据做得非常规范，没有发现任何问题。她对Lily的工作很满意……

　　领班小苏指导实习生Lily掌握开具票据的操作流程，掌握票据类型及后续单据处理。票据处理是结账送客服务中至关重要的一项内容。

　　根据顾客的要求，前台接待员能开具的单据有哪些类型？应该如何开具呢？

　　票据处理根据开票方式分为手写票据、机打票据两种。

## 一、开具手工收据

　　一份完整的收据一式三联，包括存根联（见图4-2-1）、客户联、记账联。均带有自动复写功能，因此，在开具收据时要用纸板将一份与另一份隔开，以免字迹印到后面的单据上。收据应该依次开具，号码要连续，用黑色水笔填写。填写内容包括：

　　1. 收款日期填写：实际的收款日期。

　　2. "今收到"一栏填写：个人名称，如张××。

　　3. "交来"一栏填写：收到的押金收入填写"押金"，收到的现金收入填写"现金"。

　　4. 人民币一栏填写：大写要顶格填写。

　　5. 金额一栏填写：对应小写金额填写，保留小数点之后两位。

　　6. 交款人一栏填写：由顾客签字。

　　7. 收款人一栏填写：由收取款项人员签字。

收　据

NO: 3093401

×××ｘ年×月×日

第

今　收　到　　　张×× （卡号）

交　　来　　　现金（　　　-　　　）

一

金　额（大写）　叁佰陆拾元整

联

¥　360.00

存

交款人　　　会计　　　收款人　　　收款单位

根

张××　　　　　　　×××　　　　（盖章）

● **小 提 示**　收据是与经营无关的往来款项的凭证。如果要进入成本
费用，必须是发票。

图4-2-1

## 二、开具增值税发票

常见税控设备如下:

（一）金税盘（"白盘"）和税控盘（"黑盘"）

金税盘和税控盘均连接在计算机的USB端口处，是税控开票系统的核心部件，用于领购、开具、存贮发票等。如图4-2-2和图4-2-3所示。Lily在门店接触到的税控设备为税控盘。

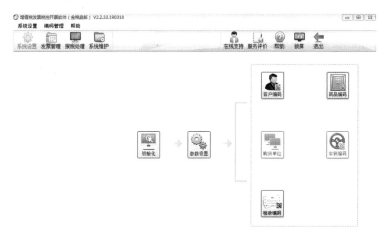

图4-2-2　金税盘

**图4-2-3　税控盘**

（二）报税盘

报税盘连接在计算机的USB端口处，主要用于在无网络的情况下抄报税和购退票。

● **操作流程**　图4-2-4 进入系统

● **操作说明**　1. 双击桌面图标。（图4-2-4）。

　　　　　　　2. 选择操作员（Lily），无需输入或更改密码。

　　　　　　　3. 点击"确认"进入系统。

图4-2-4

● **操作流程**　图4-2-5 填写票面信息

● **操作说明**　1. 填写购方信息区域（可将顾客信息直接添加保存在客户编码中）。

　　　　　　　2. 填写商品信息区域，用于填写所售商品详细信息以及清单和折扣等。

　　　　　　　3. 填写其他信息区域：销售方（本单位）信息、发票号码、开票日期、密文、备注栏、开票人、复核人等。这些信息除备注之外，皆由系统生成，无需用户填写。

图4-2-5

图4-2-6

● **操作流程** 图4-2-6 打印发票

● **操作说明** 1. 发票填写完毕且检查无误时，点击工具条上的打印按钮。

2. 系统将所开发票信息记入金税盘与开票软件数据库。

3. 弹出"发票打印"对话框，设置纸张打印边距、预览打印效果。（图4-2-7）

图4-2-7

4. 再次检查无误后实施打印。

● **小 提 示** 所填开的发票一经保存即记入金税盘，无法修改。因此，在填开时应仔细比对系统给出的发票类别与号码和打印机上安装的纸质发票是否完全一致；在填写数据时应尽量避免错误。若出现问题，只能将该发票作废，然后重新填开。

**● 注意事项** 1. 开票时要选择开票员账户登录，点击发票管理—发票填开，确认发票号码跟代码与纸质发票一致。

2. 规范地使用商品服务编码开票。

3. 输入购货方信息后（名称、识别号、地址、专票银行账号四项均为必填项，除专票以外其他票种，名称及识别号（企业）为必填项，其他项目为选填项）。

4. 按照纳税义务发生时间确定开具发票的税率，应根据实际销售情况如实开具。

**● 小 提 示** 纳税人开具增值税发票后，发生销货退回、开票有误、应税服务中止等情形但不符合发票作废条件，或者因销货部分退回及发生销售折让要开具红字增值税发票。如需开具请联系门店经理。

　　2019年年初，财政部印发了《关于统一全国财政电子票据式样和财政机打票据式样的通知》。这个通知决定统一规范全国财政票据式样，启用全国统一的财政电子票据式样和财政机打票据式样。国家税务总局拟在全国范围内逐步推行税控发票，税控发票开票系统用于配合国家税务总局对税控发票的要求，提供税控发票的开具、打印，发票清单的生成，电子数据报送等功能，实现对发票的税控管理，达到以票控税的目的。

　　增值税电子普通发票更换监制章，新版监制章形状为椭圆形，长轴为30 mm，短轴为20 mm，边宽为1 mm，内环加刻一细线，上环部位还刻有"全国统一发票监制章"的字样，中间刻有"国家税务总局"的字样，下环部位刻有"某省（区、市）税务局"的字体。新旧监制章的区别如下：

监制章全部字体为正楷7磅，印色为大红

图4-2-8　新版

图4-2-9　旧版

**● 小 提 示** 因税控盘版本不同，操作过程中可能存在区别。

 相关链接

### （一）后续单据处理

增值税专用发票三联，其中抵扣联和发票联都是要给顾客的，只有记账联是留着用来作为销售货物的原始凭证。增值税专用发票由基本联次或者基本联次附加其他联次构成，基本联次为三联。

1. 记账联，是销货方发票联，是销货方的记账凭证，即是销货方作为销售货物的原始凭证，在票面上的"税额"指的是"销项税额"，"金额"指的是销售货物的"不含税金额价格"发票三联是具有复写功能的

2. 抵扣联（购货方用来扣税）；

3. 发票联（购货方用来记账）；

《增值税专用发票使用规定》第四条：专用发票由基本联次或者基本联次附加其他联次构成，基本联次为三联：发票联、抵扣联和记账联。发票联，作为购买方核算采购成本和增值税进项税额的记账凭证；抵扣联，作为购买方报送主管税务机关认证和留存备查的凭证；记账联，作为销售方核算销售收入和增值税销项税额的记账凭证。其他联次用途，由一般纳税人自行确定。

第十一条　专用发票应按下列要求开具：

（一）项目齐全，与实际交易相符；

（二）字迹清楚，不得压线、错格；

（三）发票联和抵扣联加盖财务专用章或者发票专用章；

（四）按照增值税纳税义务的发生时间开具。

对不符合上列要求的专用发票，购买方有权拒收。

开具之后的记账联和存根需保存完好，如开具错误或者客户退费等其他原因造成收据作废的，需将客户联和存根、记账联粘贴在一起方能作废，并在三联上写明作废字样或者加盖作废章，收据与发票均为一式三联不完整不能作废。及时将单据上交至财务部门保管，确保单据的安全。

### （二）票据金额填写

手工开具票据的金额填写应遵照相关规定，不可随意填写，具体要求如下。

1. 阿拉伯数字应一个一个地写，阿拉伯数字金额前应当书写货币币种符号（如人民币符号"￥"）或者货币名称简写和货币符号。币种符号与阿

拉伯数字金额之间不得留有空白。凡在阿拉伯数字金额前面写有币种符号的，数字后面不再写货币单位（如人民币"元"）。

2. 有以元为单位（其他货币种类为货币基本单位，下同）的阿拉伯数字，除表示单价等情况外，一律在元位小数点后填写到角、分，无角、分的，角、分位可写"00"或符号"－－"，有角无分的，分位应写"0"，不得用符号"－－"代替。

3. 汉字大写金额数字，一律用正楷或行书书写，如壹、贰、叁、肆、伍、陆、柒、捌、玖、拾、佰、仟、万、亿、元、角、分、零、整（正）等易于辨认、不易涂改的字样，不得用〇、一、二、三、四、五、六、七、八、九、十、另、毛等简化字代替，不得任意自造简化字。

4. 大写金额数字到元或角为止的，在"元"或"角"之后应写"整"或"正"字；大写金额数字有分的，分字后面不写"整"字。

5. 大写金额数字前未印有货币名称的，应当加填货币名称（如"人民币"三个字），货币名称与金额数字之间不得留有空白。

6. 阿拉伯数字金额中间有"0"时，大写金额要写"零"字，如人民币101.50元，汉字大写金额应写成壹佰零壹元伍角整。当阿拉伯数字金额中间连续有几个"0"时，汉字大写金额中可以只写一个"零"字，如¥1004.56，汉字大写金额应写成壹仟零肆元伍角陆分。阿拉伯数字金额元位为"0"，或数字中间连续有几个"0"，元位也是"0"，但角位不是"0"时，汉字大写金额可只写一个"零"字，也可不写"零"字。

## 🔧 任务拓展

### 一、Lily的新困惑

晚上8点左右，美容院前台来了一位熟客洪女士，她说昨天中午购买了眼部护理项目，由于走得太匆忙忘记开发票了，问今天能不能补开。Lily知道按照美容院规定，产品自购买之日起不超过一个月的都可以补开发票。Lily说没有问题，可以补开。此时洪女士又补充道，希望开的日期也是昨天的。这时Lily愣住了，发票可以补开，发票开具的日期可以是购买时的日期吗？请帮Lily分析，洪女士的要求可以满足吗？

我的观点：_____

_____

_____

_____

_____

他人的观点：_____

_____

_____

_____

_____

## 二、自我活动体验

全班以小组形式，自主选择角色，进行票据处理任——项任务的实践，并组织小组评比活动。

班级：                姓名：                日期：

| 操作准备： |
| --- |
| 操作要求： |

操作步骤：

操作评价：

自我评分（　　　）　　　小组评分（　　　）　　　教师评分（　　　）

展示推荐：

是否自我推荐（　　　）　　　是否小组推荐（　　　）

我的收获和不足：

# 任务三  送客服务

## 案例导入

记得去年暑假Lily初到美容院实习做美容师时，有一天格外忙，突然，一位顾客"砰"的一声破门而入，说自己的手机不见了。原来Lily忙中出乱，忘了提醒顾客带走美容床上的随身物品，Lily发现后想着先替顾客暂时保管，将手机放进了口袋，忘记及时上报。Lily很难过，因为自己的一时疏忽，使美容院失去了一位潜在顾客。事隔一个学期，上次的教训勾起了Lily的回忆……

送客服务是美容院为顾客服务的最后一项内容，也是美容院对顾客服务的一个阶段的终结。因此，送客服务要尽可能给顾客留下良好的"最后印象"。

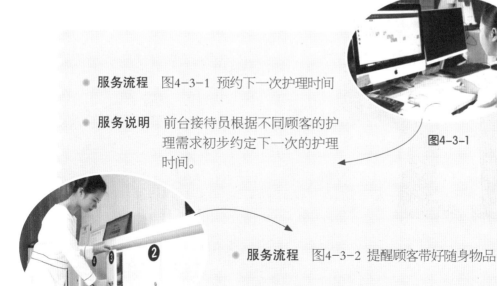

● **服务流程**  图4-3-1 预约下一次护理时间

● **服务说明**  前台接待员根据不同顾客的护理需求初步约定下一次的护理时间。

图4-3-1

● **服务流程**  图4-3-2 提醒顾客带好随身物品

● **服务说明**  再一次检查美容室是否有顾客的遗留物品，提醒顾客检查随身物品。

图4-3-2

图4-3-3

● **服务流程**　图4-3-3 感谢与祝愿

● **服务说明**　前台接待员对顾客在美容
院护理表示感谢。对顾客
表示感谢，可以根据情况
说"王小姐，感谢您选择
我们美容院，很高兴能为
您提供服务"等礼貌用
语。感谢时要尽可能带姓
尊称顾客。

图4-3-4

● **服务流程**　图4-3-4 送客出门

● **服务说明**　当顾客离去时，前台接
待员送顾客到美容院门
口，与顾客道别时说
"请慢走""期待您的
下次光临"之类的道别
语，目送顾客离开后，
再返回前台。

● **小 提 示**　有些美容院置于写字楼
内，需乘坐电梯，送客
时应送到电梯口，按好
电梯按钮，待顾客进入
电梯时再与顾客道别。

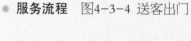

**相关链接**

### 顾客遗留物品的处理方法

如发现顾客遗留物品应及时交予上级部门，并做好相应记录，注明日期。当遇到客人查询遗失物品时，服务人员要问清顾客姓名、遗失物品情况等，核对相符后最好做相应记录。当失主前来领取遗留物品时，服务人员必须请顾客说明失物情况，验明证件后，由失主在"遗留物品登记本"上签字方可领取。

**名人名言**

真正的学者真正了不起的地方，是暗暗做了许多伟大的工作而生前并不因此出名。

——[法]巴尔扎克

 **任务拓展**

#### 一、Lily的新困惑

这天美容院前台来了一位行色匆匆的小姐，她径直奔向前台，原来两个小时前她刚做完护理离开美容院，美容院打电话给她说在护理间发现了她遗留的钱包，这时她才发现钱包不见了。请模拟此场景，想想Lily该如何处理失物招领这件事呢？

我的观点：_____

_____

_____

他人的观点：_____

_____

_____

#### 二、自我活动体验

全班以小组形式，自主选择角色扮演，进行送客服务任务的实践，并组织小组进行评比活动。

| 班级： | 姓名： | 日期： |
|---|---|---|

操作准备：

操作要求：

操作步骤：

操作评价：

自我评分（　　　）　　　小组评分（　　　）　　　教师评分（　　　）

展示推荐：

是否自我推荐（　　　）　　　是否小组推荐（　　　）

我的收获和不足：

## 项目总结

　　凡事应尽可能做到"尽善尽美，有始有终"。要做好签单结账这一环节，不仅需要规范的服务流程，良好的服务态度，而且需要细心和耐心，在为顾客留下良好印象的同时，也锻炼了自己的工作能力。

# 项目五
# 客情维护

**情境
导入**

　　Lily已经学习了美容院前台接待员的四项工作内容。为了提高工作中的综合能力，Lily翻阅了大量美容院前台接待方面的书籍，还查阅了网上资料，发现客情维护是前台接待员和顾客建立良好关系的关键。从今天开始，Lily跟着领班小苏学习客情维护的两种方式，以及遇到投诉时处理问题的技巧。我们与Lily一道跟随小苏学习吧⋯⋯

**我们的目标是
让我们的学生学会**

- 顾客档案的建立
- 美容院活动推广
- 顾客投诉的处理

**任务实施中**

# 任务一　顾客档案

## 案例导入

　　李女士是美容院的常客，为她做护理的美容师小方因家中有事要请一个月的假。这天，李女士致电预约，并询问Lily，能否推荐一位手法类似小方的美容师。预约完成后，Lily翻开了李女士的客史档案，查阅了李女士的护理需求，并在备注一栏中注意到李女士喜欢美容师的手温热一些。Lily将李女士的客史档案交给了美容师瑶瑶，并特别嘱咐瑶瑶为李女士进行护理时，需要将双手进行预热……

　　Lily查看顾客档案并将李女士的需求转告给另一名美容师，有助于为顾客提供更好的服务。

　　美容院前台在接待每一位顾客时，为更好地服务顾客，都需要建立一份客史档案。客史档案通常在客人第一次购买产品或护理项目时建立。

　　客史档案由常规档案、护理档案、消费档案三部分组成。

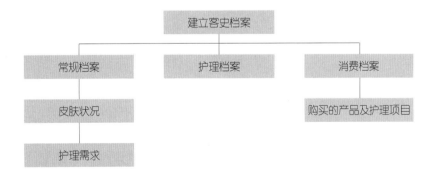

## 一、建立顾客档案

　　详细记录顾客的个人情况，包括健康状况、皮肤特点、护理需求、生活及饮食习惯、护理方案等。

1. 常规档案：包括顾客的年龄、职业、工作、生活及饮食习惯等。
2. 皮肤状况：根据美容师的皮肤测试，记录该顾客的皮肤状况。
3. 护理需求：根据皮肤状况记录护理方案。

某美容院顾客档案：

# 顾客个人资料档案表

**填表日期：　　年　月　日　　　　　　　　　　编号：**

| 姓名： | | 年龄： | | 出生： | 年　　月　　日 |
| --- | --- | --- | --- | --- | --- |
| 地址： | | | | 电话： | |
| 身高： | cm | 三围 | cm | cm | cm |
| 标准体重： | kg | 目前体重： | kg | 差距： | kg |
| 婚姻状况：□未婚　□已婚 | | 居住环境： | □安静 | □普通 | □嘈杂 |
| 睡眠时间：□充足(超过8小时) □不充足(4-8小时) | | 睡眠习惯：□早睡(22:00之前) □晚睡(22:00之后) | | | |
| 运动：　　　　　　　目的 | | 汗： | □多 | □少 | |

**饮食习惯：**

每日进食餐数：□早　　　□午　　　□晚　　　□下午茶　　　□宵夜（定时/不定时）

外出吃饭：（经常食品）_____

进食速度：　□快　　　　□普通　　□慢

主　　食：　□饭　　　　□面　　　□面包类　　□其他

食　　量：　□多　　　　□普通　　加调味料：□淡　　　　□普通　　□浓

喜爱味道：　□甜　　　　□酸　　　□苦　　　□辣　　　　□咸　　　□其他

油炸食物：　□无　　　　□少　　　□普通　　　□多牛油　　□植物油　□动物油

偏　　食：　□无

　　　　　　□有/偏爱吃　□甜　　　□酸　　　□苦　　　　□辣　　　□咸

　　　　　　□肉类　　　□蔬果类　□淀粉质类　□其他

零食偏好：　□无　　　　□有：请列出 _____

饮　　食：　□水　　　　□茶　　　□果汁　　□其他

嗜好品：　　□香烟：　　每日_____支　　　　□酒_____种类

　　　　　　□咖啡：　　每日_____杯　　　□奶　　　□砂糖　　□人工甜味料

健康食品：　□无　　　　□有（习惯性/不习惯性）摄取

　　　　　　请列出：_____

续表

**健康状态**

| | |
|---|---|
| 敏　　感： | □否 |
| | □是：皮肤敏感（□轻微　　□普通　　□严重） |
| | 　　　　药物敏感（□轻微　　□普通　　□严重） |
| 月经生理： | □顺调　　□不顺调　　□轻微经痛　　□剧痛 |
| | 上次月经日期 ____月 ____日至 ____日　　周期 ____日 |
| 皮肤状态： | □良好　　□较差　　□恶劣　　怀孕：　　□无　　□有 |
| 现在健康状况： | □良好　　□较差　　□恶劣 |
| 病　　态： | □贫血　　□便秘　　□肠胃疾病　□糖尿病　□心脏病　□高血压 |
| | □易疲劳　　□其他_____ |
| 过往病历： | □无　　□有　　□请列出_____ |
| 常服药物： | □无　　□有　　□请列出_____ |
| 平常体温： | _____℃　　使用隐形眼镜：□无　　□有：（硬镜、软镜） |
| 减肥经历： | □无　　□有　　□减肥方式：_____ |
| | □成功　　□失败　　□原因：_____ |
| 日常化妆： | □淡　　□浓　　□不化妆 |
| 个人性格： | □内向　　□好动　　□动静皆宜 |
| 影响美容坏习惯： | □没有 |
| | □有：　□啃咬指甲　□用手摩面　□用手擦眼　□用手擦鼻　□其他 |

**职业状况**

| | |
|---|---|
| 工作内容： | □办公室工作　　□需要劳动力工作 |
| 请注明主要工作：_____ | |
| 工作环境：空气污染程度： | □良好　　□普通　　□恶劣　　□非常恶劣 |
| 工作责任：工作量： | □很少　　□普通　　□繁多　　□非常繁多 |
| 　　　　工作压力： | □很少　　□普通　　□大　　□非常大 |
| 工作以外的必要应酬： | □无　　□有：（少/多/繁多） |
| 应酬时间： | □晚上六时至九时　　□晚上九时至深夜十二时　　□深夜十二时或以后 |
| 应酬方式： | □晚饭　　□饮酒　　□宵夜 |
| | □其他_____ |

续表

**皮肤综合判断**

| 皮肤状态\检查日期 | | 良好 | 普通 | 差 | 非常差 | 多 | 少 | 浅 | 厚 | 足够 | 不足 |
|---|---|---|---|---|---|---|---|---|---|---|---|
| 色素沉着 | 痣 | | | | | | | | | | |
| | 斑 | | | | | | | | | | |
| | 雀斑 | | | | | | | | | | |
| | 日晒 | | | | | | | | | | |
| 皮脂分泌量 | | | | | | | | | | | |
| 毛孔粗细 | | | | | | | | | | | |
| 光泽程度 | | | | | | | | | | | |
| 皱纹 | | | | | | | | | | | |
| 角质肥厚 | | | | | | | | | | | |
| 弹性 | | | | | | | | | | | |
| 水分量 | | | | | | | | | | | |
| 暗疮 | | | | | | | | | | | |
| 粉刺 | | | | | | | | | | | |
| 酒米 | | | | | | | | | | | |
| 黑头 | | | | | | | | | | | |
| 湿疹 | | | | | | | | | | | |
| 伤痕 | | | | | | | | | | | |
| 皮质色泽 | | | | | | | | | | | |
| 汗癣 | | | | | | | | | | | |
| 其他状态 | | | | | | | | | | | |
| 备注 | | | | | | | | | | | |

皮肤类型：_____ 对个人皮肤不太满意的地方：_____

在美容店接受面部皮肤护理经验：□无

　　　　　　　　□有　年数：_____ 感想：_____

　　　　　　　　转店原因：_____ 目的：_____

个人日常皮肤护理

| | 产品种类类型 | 牌　子 | 用后感受 |
|---|---|---|---|
| 洗　脸 | | | |
| 化妆水 | | | |
| 乳　液 | | | |
| 乳　霜 | | | |
| 按摩霜 | | | |
| 面　膜 | | | |
| 其　他 | | | |

# 二、护理档案

包括顾客的护理类别、护理产品和指定的美容师。

# 专业护理记录

| 日　期 | 次数 | 护理类别 | 护 理 主 产 品 | 美容师签名 | 顾客签名 | 备注 |
|---|---|---|---|---|---|---|
|  |  |  |  |  |  |  |
|  |  |  |  |  |  |  |
|  |  |  |  |  |  |  |
|  |  |  |  |  |  |  |
|  |  |  |  |  |  |  |
|  |  |  |  |  |  |  |
|  |  |  |  |  |  |  |
|  |  |  |  |  |  |  |
|  |  |  |  |  |  |  |
|  |  |  |  |  |  |  |
|  |  |  |  |  |  |  |
|  |  |  |  |  |  |  |
|  |  |  |  |  |  |  |
|  |  |  |  |  |  |  |
|  |  |  |  |  |  |  |
|  |  |  |  |  |  |  |
|  |  |  |  |  |  |  |
|  |  |  |  |  |  |  |
|  |  |  |  |  |  |  |
|  |  |  |  |  |  |  |
|  |  |  |  |  |  |  |
|  |  |  |  |  |  |  |
|  |  |  |  |  |  |  |
|  |  |  |  |  |  |  |
|  |  |  |  |  |  |  |
|  |  |  |  |  |  |  |
|  |  |  |  |  |  |  |

## 三、消费档案

　　一般指顾客在美容院购买的产品及护理项目，前台接待员须在顾客购买后及时填写。在护理之后，写明剩余的次数和产品。

# 销售记录表

| 日　期 | 销售记录 | 金　额 | 美容师签名 | 顾客签名 |
|---|---|---|---|---|
| | 购买产品： | | | |
| | 推荐产品： | | | |
| | 购买产品： | | | |
| | 推荐产品： | | | |
| | 购买产品： | | | |
| | 推荐产品： | | | |
| | 购买产品： | | | |
| | 推荐产品： | | | |
| | 购买产品： | | | |
| | 推荐产品： | | | |
| | 购买产品： | | | |
| | 推荐产品： | | | |
| | 购买产品： | | | |
| | 推荐产品： | | | |
| | 购买产品： | | | |
| | 推荐产品： | | | |
| | 购买产品： | | | |
| | 推荐产品： | | | |
| | 购买产品： | | | |
| | 推荐产品： | | | |
| | 购买产品： | | | |
| | 推荐产品： | | | |

 相关链接

### （一） 征求顾客反馈意见常用途径及特点比较

| 途 径 | 优 点 | 缺 点 |
| --- | --- | --- |
| 现场访问 | 顾客对服务产品的印象深刻，容易发现服务的细节问题 | 面对面的交流，不能全面、深刻地展开 |
| 电话调查 | 效率高，节省费用 | 因为只凭声音沟通，有时会误解对方的意思，调查的准确性受调查者的主观意愿影响较大 |
| 问卷调查 | 对顾客打扰较少，信息收集范围广，信息在不受干扰下给出，客观性强，信息量大 | 获取的深度不够，信息准确性和收集的频率受主观影响大 |

### （二）顾客档案的重要性

建立并管理顾客档案，是体现"延伸服务"和"售后服务"的一个工作前提，也是与顾客保持感情关系的纽带，同时是美容院前台接待工作中一个重要的专业化服务环节。顾客档案的建立和管理，是对顾客进行高层次的精细管理，也是传统美容院对自己服务过的顾客采取不主动联络和凭面孔认人等粗放管理的一个转变。这种精细化的顾客管理模式，有时也关系到顾客是否选择二次或三次服务。因此，顾客管理的概念，应该成为美容院品牌建设和个人品牌建设的主流意识，应该由被动无意识或经验本能进入科学系统的、主动的工作行为。这也将成为美容院管理工作中的一个趋势。

如何正确建立顾客档案并进行行之有效的管理呢？

这是一个很有深度的话题，实际操作也并不复杂，只需美容院或美容师们对自己的工作有执着的信念、付出热情和承担责任，然后认真、详细地记录有关顾客的点点滴滴和服务细节，最大程度地给每位顾客建立个人信息数据库，以形成与顾客保持持续情感沟通和联络的依据，以此追求顾客满意最大化。同时，还能起到主动唤起顾客美容消费意愿的作用，把有限的顾客资源最大化地稳固和优化。

### （三）语言的禁忌

1. 不说不尊重对方的话

尊重他人是一种有教养的表现，每个人都喜欢被尊重的感觉。因此，在交谈中需格外注意，不尊重对方的话不能说。比如面对身体有缺陷、衣着寒酸的人，不仅不能当面评价他们，而且应尽量避免说一些与之相关的

话题，要用平等的目光看待他们，切忌过分关注。

2. 不说不友好的话

都说冲动是魔鬼，明知有些话说出来会使对方感到不快，就不要说出来。为逞一时口舌之快，最后失去他人的信任或引来顾客的投诉，这是得不偿失的事情。要以宽容的心去对待身边的人，经常换位思考，己所不欲，勿施于人。

3. 不说不耐烦的话

每个人的沟通方式不同，有些人非常愿意向你倾诉，说明别人对你的信任，尽量不要在他人说得兴致勃勃的时候粗暴地打断或制止，可以采用含蓄的方法表达。特别是从事服务行业，保持耐心至关重要。

4. 不说不客气的话

说话不能太直接，不客气的语气是很伤人的，在讲话时一定要注意方式方法。

 任务拓展

## 一、Lily的新困惑

今天，美容院格外忙碌，原来赵女士介绍了三个朋友过来做护理。前台接待员小玉临时请假，今天只有Lily一个人。Lily按照服务流程，与第一位女士逐个核对顾客资料卡中的项目。然而，Lily还未问到项目四时，另两位客人因为等不及而抱怨起来。请你帮帮Lily，告诉她应该怎么做。

我的观点：_____

_____

_____

_____

他人的观点：_____

_____

_____

_____

## 二、自我活动体验

全班以小组的形式，自主选择角色扮演，进行顾客档案任务的实践，并组织小组进行评比活动。

班级：　　　　　　　　姓名：　　　　　　　日期：

| 操作准备： |
| --- |
| 操作要求： |
| 操作步骤： |
| 操作评价：<br>自我评分（　　）　　小组评分（　　）　　教师评分（　　） |
| 展示推荐：<br>是否自我推荐（　　）　　是否小组推荐（　　） |
| 我的收获和不足： |

# 任务二　活动推广

案例导入

> 在美容院实习的这段时间里，Lily发现美容院经常会举办一些活动，比如举行农家乐骑游活动，老顾客免单，但参加的前提条件是必须带上一位非本美容院会员的好友……

虽然不直接参与策划，但身为前台接待员的Lily觉得准确恰当地将活动宣传到位也很有难度。

大型美容院会不定期举行一些酬宾让利优惠活动，这些活动既回馈老顾客，又能带来新顾客。前台接待员应在活动开始前及活动期间做好相应的宣传工作。

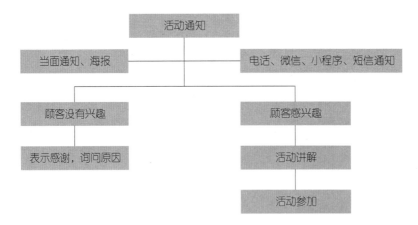

## 一、活动通知

一般提前一周通知顾客，定期进店护理的顾客可以通过分发宣传册的方式进行推广。不定期进店护理的顾客，可以通过电话、邮件、短信的方式进行通知。

如顾客不感兴趣，则表示感谢，并询问不感兴趣的原因，做好记录。

## 二、活动讲解

　　对活动有兴趣的顾客会详细询问优惠活动的细节，前台接待员必须详细、耐心地进行讲解。

## 三、活动参加

　　前台接待员对确定参加活动的顾客要做好详细记录。

 **相关链接**

### （一）女性顾客消费心理

　　女性顾客一般具有以下消费心理特征。

　　1. 追求时髦。她们在购买商品时，首先想到的就是这种产品/服务能否展现自己的美丽，能否提升自己的形象美，能否使自己显得更加年轻和富有魅力。

　　2. 追求美观。女性顾客非常注重商品的外观，将外观与商品的质量、价格当成同样重要的因素来看待，因此在挑选商品时，她们会非常注重商品的色彩、样式。

　　3. 感情强烈，喜欢从众。这种心理特征表现在产品/服务消费中，女性顾客主要是用情感支配购买行为。同时，她们容易受到同伴的影响，喜欢购买和他人一样的东西。

　　4. 喜欢炫耀，自尊心强烈。在这种心理的驱使下，女性顾客会追求高档产品/服务，而不注重商品的实用性，只要能显示自己的身份和地位，她们就会乐意购买。

### （二）男性顾客消费心理

　　通常情况下，男性的经济收入较高，但购买能力与女性相比，其中直接用于个人消费的部分却低于女性消费。这主要是因为男性对满足基本生活需求的产品/服务比较喜欢凑合，而男士专用的产品/服务还相对较少。他们的消费心理，概括起来有以下几点。

　　1. 注重产品/服务的效用。男性顾客在购买时多为理性购买，而不易受现场气氛的影响。

2. 决定果断。男性顾客一旦决定购买某种产品/服务，不愿在店铺长时间挑选。一般态度比较随和，不爱多言，对店员的介绍也比较相信。

3. 购买独立。与女性顾客不同，男性顾客在购买产品/服务时，不喜欢有同伴陪同，也不太需要别人的意见，较少受他人以及外界信息的影响。

4. 不太注重价格。由于男性本身的攻击性和成就欲较强，所以男性顾客购物时喜欢选购高档气派的产品/服务，而且不愿讨价还价，忌讳别人说自己小气或所购商品/服务"不上档次"。

### （三）促销消费心理

促销是企业将其产品及相关信息告知目标顾客，并说服其采取购买行为的沟通活动。在现代企业营销中，促销对于引导消费者产生购买欲望，建立品牌偏好、树立品牌形象、增加产品销量、扩大及保持市场份额等方面起着举足轻重的作用。

### （四）网络推广

目前适用于美容企业的网络推广模式主要有两种。

1. 官方媒体。服务号、订阅号之类的官方平台，目前可以在微信申请。这类做起来，忠实粉丝转化率高，所以要持之以恒，必有成效。

2. 社群渠道。社群是目前较为新兴的一个渠道，它通过维护好顾客的关系，打造顾客的信任感，对美容企业来说，在社群维护方面要多投入心血，社群维护好了，顾客就会信任你，企业的社群对于企业所推广的产品便会无阻碍心思地消费。

 任务拓展

#### 一、Lily的新困惑

美容院每一季度的优惠促销活动又开始了，Lily翻开顾客资料簿，逐个电话通知。她将活动内容、产品名称、功效、价格、让利幅度、截止日期等情况告诉顾客。活动截止后的第二天，顾客李女士来做护理时却说并没有接到电话。Lily翻开顾客备注本查看，上面清楚记录着"给李女士致电8次，均无人接听，关机或无法接通"。李女士回忆，可能是去偏远地区出差导致电话未通。Lily现在有些为难，活动已经截止了，而李女士仍然想要

相同的优惠购买该产品，Lily带着问题去请示领班。想一想，你认为领班会如何回答Lily的问题，又会如何评价Lily的工作。

我的观点：_____

_____

_____

_____

_____

他人的观点：_____

_____

_____

_____

_____

## 二、自我活动体验

全班以小组的形式，自主选择角色扮演，进行活动宣传任务的实践，并组织小组进行评比活动。

班级：　　　　　　　姓名：　　　　　　　日期：

| 操作准备： |
| --- |
| 操作要求： |

续表

操作步骤：

操作评价：

自我评分（    ）        小组评分（    ）        教师评分（    ）

展示推荐：

是否自我推荐（    ）        是否小组推荐（    ）

我的收获和不足：

任务三　投诉处理

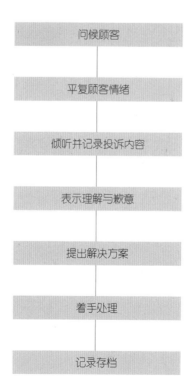

案例导入

　　Lily知道只有和顾客形成良好的互动，想顾客所想，急顾客所急，才能让美容院更上一层楼。但是，服务过程中总有这样或那样不尽如人意的事……

　　投诉处理是对前台接待员应变能力的全方位考验。处理投诉不是目的，更不应该为了争个谁对谁错，弄得客人很不愉快。处理好投诉，是帮助美容院树立良好的口碑和留住顾客的重要工作。

问候顾客

平复顾客情绪

倾听并记录投诉内容

表示理解与歉意

提出解决方案

着手处理

记录存档

**图5-3-1**

● **服务流程**　图5-3-1 接受投诉意见

● **服务说明**　"确"　明确顾客身份。

　　　　　　"听"　认真倾听顾客的投诉内容（不与顾客反驳和争辩），以提问方式了解事情缘由。

　　　　　　"抚"　当顾客讲完后，换位思考（站在顾客的角度），帮助分析，并对顾客表示理解，安抚顾客的情绪，并表示抱歉和同情。

**图5-3-2**

● **服务流程**　图5-3-2 处理投诉事件

● **服务说明**　"查"　及时采取行动，对事件进行调查。

　　　　　　"商"　与顾客沟通解决事件需要的大致时间。

　　　　　　"报"　如遇到处理的事件超出自己的权限，应立即向上级报告。

　　　　　　"析"　分析投诉的原因，明确责任。

　　　　　　"协"　将事件处理的情况和结果尽快通知顾客，听取顾客意见。

　　　　　　"解"　如果属于暂时解决不了的投诉，耐心向顾客解释，并取得顾客的谅解。

　　　　　　"谢"　投诉处理完毕，应对顾客的理解表示感谢。

● **小 提 示**　1. 避开当事人当面对质。

　　　　　　2. 改变处理投诉地点。

　　　　　　3. 注意服务细节，安抚顾客情绪。

图5-3-3

● **服务流程** 图5-3-3 记录及存档

● **服务说明** "记" 详细记录顾客的资料，投诉时间、事件及处理结果，存档。

### 顾客投诉处理表

| 顾客姓名: | 投诉日期: | 投诉时间: |
|---|---|---|
| 联系电话: | 生日: | 类别: |

投诉内容:



记录人:

店长处理意见:

部门处理意见:

问题解决:

顾客回访:

顾客评语:

 相关链接

### （一）美容院投诉的主要情况及处理方法

1. 对产品投诉。

美容化妆品质量问题，如变质、假货、破损、异物渗入、沉淀等。

原因：产品在到达客户手中前就已经存在质量问题；消费者购买后因使用不当或不注意引起的质量问题。

**提示**

因消费者使用不当而造成产品异常时，不仅要更换产品，而且要仔细说明原因，告知正确的处理方法和注意事项，防止再次发生此类投诉。

2. 美容师服务态度不好。

由于美容师态度让顾客感到不适的，应当让美容师先向顾客道歉，再提供一次免费服务，平复顾客心中的不平情绪。

3. 美容师技术不熟练、不专业。

让美容师向客人表示诚挚的歉意，再换技术熟练的美容师为客人服务。

4. 产品使用后，皮肤发生异常。

皮肤发生异常如湿疹、斑疹、颗粒、脱皮、红肿等。

**提示**

首先应向客人道歉，平息客人的怒气。

其次，弄清楚问题出现的原因，此时要仔细问清客人的使用方法，有无和别的产品混合在一起使用，是否是由于使用所引起的，以及本人是否有其他过敏史等，并详细记录好，由客人和美容师同时签名。

最后采用合适的处理方法减轻顾客症状。如果是产品引起的，那么应该向厂家反映情况，对于严重者，应及时送医院治疗。

此类问题主要是客人的原因造成的，当然也不排除是美容师错误使用产品或交代不清造成的。先弄清楚原因，如果是美容院的问题，就应该向客人道歉，给予一定的安慰和采取补救措施，并对美容师进行严厉的批评，如果是客人的原因，应教给客人正确的使用方法。

### （二）一次祛斑护理引起的争吵

一天，一位中年顾客来到美容院。"天哪，又是她！"前台接待员小李心里暗叫不好。原来一个月前，这位客人来做祛斑护理，但觉得效果不

理想。尽管美容师一再对她解释，色素代谢需要一个过程，短时间内是看不出效果的，并且像她这种黄褐斑，很可能是由于内分泌失调引起的，仅靠外部护理一般很难得到明显改善。但这位顾客非常固执，始终认为美容师欺骗了她，因此，每周都要来一次，找美容院理论。一进门，客人便语气很冲地对小李说："我打了无数次电话，就是没人接。你们故意的啊？！"小李回答说："不会的，我一直都在前台，根本没接到您的电话。""你想说我撒谎啊？明明是你们一直在逃避责任！"

见小李很为难，另一位美容师小王赶紧去叫了几个同事，打算给小李解围。她们围住这位客人，七嘴八舌地说开了。客人一看这么多人围着她，火气也越来越大："怎么！你们以多欺少啊……"一时间，美容院里乱成一团。

**提示**

在美容服务工作中，难免会遇到一些比较固执的顾客，在对待她们时需要保持足够的耐心，并掌握一定的技巧。

像本案例中，小王的做法是极端错误的。三、四名美容师围住顾客，容易让顾客感到势单力薄，处于劣势，更容易加重她的不满。"顾客永远是对的。"就算真理掌握在你手中，你也绝对不能和顾客争执，如果你赢了，那么也就意味着永远失去了这位顾客。事实上，这种争执毫无意义，得不偿失。旁观者也会因为你的行为而对你失去信心。

正确的做法应该是，在这位客人说投诉电话没人接时，小李应礼貌地询问其打电话的具体时间。如果顾客仍然纠缠，可以先安抚其情绪，然后询问："如果您仍不满意，那么您希望我们怎么做？"如果顾客的要求在能接受的限度内，那么迅速解决问题。如果顾客的目的并不是想解决问题，只是纯粹在美容院闹事，那就不必再和她纠缠。

**议一议** 如果你是小李该怎么做？

**名人名言**

有谦和、愉快、诚恳的态度，而同时又加上忍耐精神的人，是非常幸运的。

——［古罗马］塞涅卡

## 任务拓展

### 一、Lily的新困惑

Lily在前台实习以来，遇到各种投诉，大部分顾客都是通情达理的，但还是会遇到一些"棘手"的顾客。遇到这些"棘手"的顾客，如果处理不当就会极大地损害美容院的声誉和利益。Lily不知道该如何正确处理好这些"棘手"顾客的投诉，请大家一起来找一些处理"棘手"顾客的案例进行分析，以寻求更好的解决办法。

投诉案例：＿＿＿＿＿＿＿＿＿＿＿＿＿＿＿＿＿＿＿＿＿

＿＿＿＿＿＿＿＿＿＿＿＿＿＿＿＿＿＿＿＿＿＿＿＿＿＿＿

＿＿＿＿＿＿＿＿＿＿＿＿＿＿＿＿＿＿＿＿＿＿＿＿＿＿＿

＿＿＿＿＿＿＿＿＿＿＿＿＿＿＿＿＿＿＿＿＿＿＿＿＿＿＿

我的观点：＿＿＿＿＿＿＿＿＿＿＿＿＿＿＿＿＿＿＿＿＿＿

＿＿＿＿＿＿＿＿＿＿＿＿＿＿＿＿＿＿＿＿＿＿＿＿＿＿＿

＿＿＿＿＿＿＿＿＿＿＿＿＿＿＿＿＿＿＿＿＿＿＿＿＿＿＿

＿＿＿＿＿＿＿＿＿＿＿＿＿＿＿＿＿＿＿＿＿＿＿＿＿＿＿

他人的观点：＿＿＿＿＿＿＿＿＿＿＿＿＿＿＿＿＿＿＿＿＿

＿＿＿＿＿＿＿＿＿＿＿＿＿＿＿＿＿＿＿＿＿＿＿＿＿＿＿

＿＿＿＿＿＿＿＿＿＿＿＿＿＿＿＿＿＿＿＿＿＿＿＿＿＿＿

＿＿＿＿＿＿＿＿＿＿＿＿＿＿＿＿＿＿＿＿＿＿＿＿＿＿＿

### 二、自我活动体验

全班以小组的形式，自主选择角色扮演，进行投诉处理任务的实践，并组织小组进行评比活动。

班级:　　　　　　　姓名:　　　　　　　日期:

| 操作准备: |
| --- |
| 操作要求: |
| 操作步骤: |
| 操作评价:<br>自我评分（　　）　　　小组评分（　　）　　　教师评分（　　） |
| 展示推荐:<br>是否自我推荐（　　）　　　是否小组推荐（　　） |
| 我的收获和不足: |

## 项目总结

细节决定成败。伴随着客户关系的建立，维护和发展同样重要。良好的客情关系不仅需要做好以上三个任务，而且要想顾客所想，用心去经营，只有这样才能从工作中获得快乐，并在快乐中工作。

# 附录1　服务流程标准

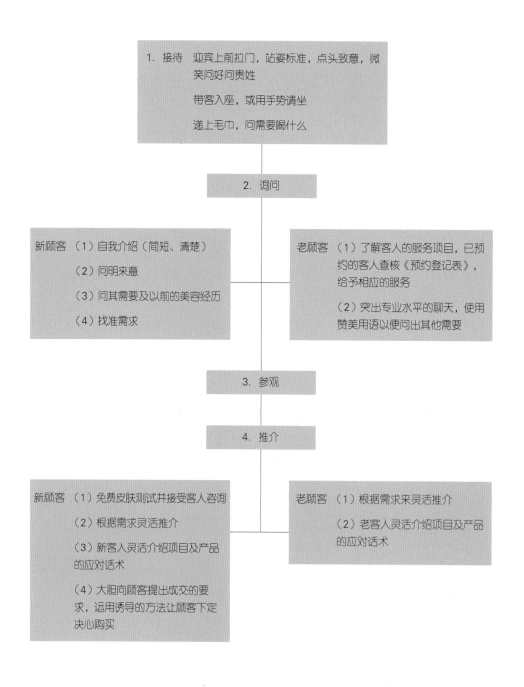

1. 接待　迎宾上前拉门，站姿标准，点头致意，微笑问好问贵姓

带客入座，或用手势请坐

递上毛巾，问需要喝什么

2. 询问

新顾客　（1）自我介绍（简短、清楚）

（2）问明来意

（3）问其需要及以前的美容经历

（4）找准需求

老顾客　（1）了解客人的服务项目，已预约的客人查核《预约登记表》，给予相应的服务

（2）突出专业水平的聊天，使用赞美用语以便问出其他需要

3. 参观

4. 推介

新顾客　（1）免费皮肤测试并接受客人咨询

（2）根据需求灵活推介

（3）新客人灵活介绍项目及产品的应对话术

（4）大胆向顾客提出成交的要求，运用诱导的方法让顾客下定决心购买

老顾客　（1）根据需求来灵活推介

（2）老客人灵活介绍项目及产品的应对话术

5. 异议的处理　反对的因素（价格、效果）

灵活应对的解决话术

6. 客户资料　填写客户基础资料

7. 交接　美容师出来等待顾问交代

丁字步、礼貌问好（眼神、微笑）、自我介绍

带路更衣（老客户跟其后、新顾客紧跟或随时提示）

8. 沐浴更衣　美容师细心准备客人沐浴所需用品

礼貌在门口等候

之后礼貌引领客人到美容区护理

9. 服务　让客人舒服躺下，并询问

轻柔地介绍，询问产品感受

每个步骤突出讲解产品的个性

带客人更衣并协助整理仪容、补妆

10. 收银　礼貌询问顾客后，确定付款方式

11. 美容师及顾问送客　礼貌送别话术，确认下次护理时间，在场
所有工作人员，采用标准话术、姿势送客

12. 顾问回访　一、三、五原则，电话/短信问候

# 附录2　服务礼仪中的工作英语

1. 见到您很高兴！欢迎光临××！

Nice to meet you. Welcome to ××.

2. 有什么可以帮到您?

May I help you?/Can I help you?/What can I do for you?

3. 您是第一次来吗?　　　　　Is this you first time to come to ××?

4. 我只想参观一下。　　　　　I just want to have a look.

5. 对不起，我不明白，我去叫我们的经理过来。

I'm sorry. I don't understand. I'll call our manager.

6. 请稍等一会。　　　　　　　Just a moment, please.

7. 请问您做预约了吗?　　　　Do you have a reservation?

8. 请问能告诉我您的名字吗?　May I have your name please?

9. 让您久等了。　　　　　　　Thank you for waiting.

10. 欢迎您再次光临!　　　　　Nice to see you again.

11. 请跟我来吧!　　　　　　　Please follow me!

12. 请能再重复一遍吗?　　　　Could you repeat that please?

13. 要不要喝点什么?　　　　　Would you like some soft drinks?

14. 我要结账。　　　　　　　　I would like to settle my bill.

15. 埋单。　　　　　　　　　　Check/Bill please.

# 参考文献

[1] 张晓梅. 美容服务要点及案例评析 [M]. 沈阳：辽宁科学技术出版社，2006.

[2] 李金泉，肖玉霞. 化妆品推销[M]. 北京：高等教育出版社，2011.

[3] 何丽玲. 美容指导员 [M]. 北京：中国劳动社会保障出版社，2009.

[4] 何丽玲. 美容指导师[M]. 北京：中国劳动社会保障出版社，2009.

[5] 何丽玲. 助理美容指导师[M]. 北京：中国劳动社会保障出版社，2009.

[6] 滕玮峰. 客房服务 [M]. 北京：高等教育出版社，2009.

[7] 杨富荣. 服务礼仪 [M]. 北京：高等教育出版社，2009.

[8] 张楠宁. 茶艺 [M]. 北京：高等教育出版社，2012.

[9] [美]华生. 行为心理学 [M]. 刘霞译，南京：现代出版社，2016.

[10] [美]马修·狄克逊，[美]尼克·托曼，[美]瑞克·德里西. 新客户忠诚度提升法 [M]. 董幼学译，北京：电子工业出版社，2015.

[11] [美]安德斯·艾利克森，[美]罗伯特·普尔. 刻意练习：如何从新手到大师 [M]. 王正林译，北京：机械工业出版社，2016.